365그림묵상 캘린더

마음에 그리는
말씀묵상

글·그림 고래일기

토기장이

31
December

처음과 마지막 되시는 주님,
올 한 해도 주님으로 인해 행복했습니다

나는 알파와 오메가요 처음과 마지막이요 시작과 마침이라 • 요한계시록 22:13
I am the Alpha and the Omega, the First and the Last, the Beginning and the End.

받은 은혜를 사진으로라도 남겨두면 얼마나 좋을까요?
부족한 우리는 그 은혜를 잊어버릴 때가 그리고
주님께서 내미시는 손을 놓쳐버릴 때가 참 많은 것 같습니다
이제는 분명히 기억하길 원합니다
매일매일 나를 돌보시는 부드러운 손길을
매일매일 나를 위해 행하시는 놀라운 일들을….

우리 함께 기억하고 함께 살아가요

고래일기 **박고은**

30
December

춥고 싸늘한 세상에서
따끈따끈한 은혜 한 잔 어떠세요?

여호와께서 이르시되 내가 내 모든 선한 것을 네 앞으로 지나가게 하고 여호와의 이름을 네 앞에 선포하리라 나는 은혜 베풀 자에게 은혜를 베풀고 긍휼히 여길 자에게 긍휼을 베푸느니라 • 출애굽기 33:19

And the LORD said, "I will cause all my goodness to pass in front of you, and I will proclaim my name, the LORD, in your presence. I will have mercy on whom I will have mercy, and I will have compassion on whom I will have compassion."

January

1 2 3 4 5 6 7 8 9 10 11 12 13 14 15 16 17 18 19 20 21 22 23 24 25 26 27 28 29 30 31

29
December

돌아갈 집, 천국이 있어
오늘도 참고 견딜 수 있어요

의를 위하여 박해를 받은 자는 복이 있나니 천국이 그들의 것임이라 • 마태복음 5:10
Blessed are those who are persecuted because of righteousness, for theirs is the kingdom of heaven.

01
January

올 한 해 주실 은혜를 기대하세요!

너희는 더욱 큰 은사를 사모하라 내가 또한 가장 좋은 길을 너희에게 보이리라 • 고린도전서 12:31
But eagerly desire the greater gifts. And now I will show you the most excellent way.

28
December

오늘 나의 하루가 예배가 되기를 원해요

그러므로 형제들아 내가 하나님의 모든 자비하심으로 너희를 권하노니 너희 몸을 하나님이 기뻐하시는 거룩한 산 제물로 드리라 이는 너희가 드릴 영적 예배니라 • 로마서 12:1

Therefore, I urge you, brothers, in view of God's mercy, to offer your bodies as living sacrifices, holy and pleasing to God—this is your spiritual act of worship.

02
January

우리는 사랑의 띠로
주 안에서 하나가 되었습니다

이 모든 것 위에 사랑을 더하라 이는 온전하게 매는 띠니라 • 골로새서 3:14
And over all these virtues put on love, which binds them all together in perfect unity.

당신은 하나님과 사람들에게 사랑스러운 자인가요?

예수는 지혜와 키가 자라가며 하나님과 사람에게 더욱 사랑스러워 가시더라 • 누가복음 2:52
And Jesus grew in wisdom and stature, and in favor with God and men.

03
January

주님과 단둘이 있는 시간,
참 평안이 넘쳐요

실로 내가 내 영혼으로 고요하고 평온하게 하기를 젖 뗀 아이가 그의 어머니 품에 있음 같게 하였나니 내 영혼이 젖 뗀 아이와 같도다 • 시편 131:2
But I have stilled and quieted my soul; like a weaned child with its mother, like a weaned child is my soul within me.

26
December

왕이신 나의 하나님
부족한 저를 통해 영광 받아주세요

기약이 이르면 하나님이 그의 나타나심을 보이시리니 하나님은 복되시고 유일하신 주권자이시며 만왕의 왕이시며 만주의 주시요 • 디모데전서 6:15

which God will bring about in his own time--God, the blessed and only Ruler, the King of kings and Lord of lords

04
JANUARY

혹 우리 주님만 쏙 빼놓고
혼자 즐기고 있지는 않은가요?

나는 주께서 네 심령에 함께 계시기를 바라노니 은혜가 너희와 함께 있을지어다 • 디모데후서 4:22
The Lord be with your spirit. Grace be with you.

25
December

오늘 다윗의 동네에 너희를 위하여 구주가 나셨으니 곧 그리스도 주시니라 • 누가복음 2:11
Today in the town of David a Savior has been born to you; he is Christ the Lord.

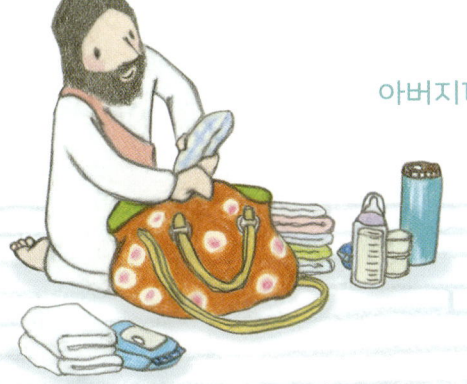

아버지께서 당신에게 가장 좋은 것으로
예비해두셨습니다

너희가 악한 자라도 좋은 것으로 자식에게 줄 줄 알거든 하물며 하늘에 계신 너희 아버지께서 구하는 자에게 좋은 것으로 주시지 않겠느냐 • 마태복음 7:11
If you, then, though you are evil, know how to give good gifts to your children, how much more will your Father in heaven give good gifts to those who ask him!

24 December

이 땅에 오신 예수님,
온 맘 다해 사랑해요

보라 처녀가 잉태하여 아들을 낳을 것이요 그의 이름은 임마누엘이라 하리라 하셨으니 이를 번역한즉 하나님이 우리와 함께 계시다 함이라 • 마태복음 1:23

"The virgin will be with child and will give birth to a son, and they will call him Immanuel"--which means, "God with us."

06
January

중요한 것은
'누가 더 많은 죄를 지었나'가 아니라
'내가 얼마나 많은 죄를 회개했나'가 아닐까요?

나 곧 나는 나를 위하여 네 허물을 도말하는 자니 네 죄를 기억하지 아니하리라 • 이사야 43:25
I, even I, am he who blots out your transgressions, for my own sake, and remembers your sins no more.

23
December

평화의 왕 주 예수여, 어서 오시옵소서

지극히 높은 곳에서는 하나님께 영광이요 땅에서는 하나님이 기뻐하신 사람들 중에 평화로다 하니라 •
누가복음 2:14
"Glory to God in the highest, and on earth peace to men on whom his favor rests."

07 January

사랑이 불어와요
주님의 사랑이 내 마음에 불어와요

사랑하는 자여 네 영혼이 잘됨 같이 네가 범사에 잘되고 강건하기를 내가 간구하노라 • 요한삼서 1:2
Dear friend, I pray that you may enjoy good health and that all may go well with you, even as your soul is getting along well.

22
December

십자가의 길을 끝까지 갈 수 있도록 힘을 주세요

이는 그들이 다 우리를 두렵게 하고자 하여 말하기를 그들의 손이 피곤하여 역사를 중지하고 이루지 못하리라 함이라 이제 내 손을 힘있게 하옵소서 하였노라 • 느헤미야 6:9

They were all trying to frighten us, thinking, "Their hands will get too weak for the work, and it will not be completed." But I prayed, "Now strengthen my hands."

08
January

이제는 지식으로 알고만 있던 말씀에
'순종'이라는 물을 주세요

너희는 말씀을 행하는 자가 되고 듣기만 하여 자신을 속이는 자가 되지 말라 • 야고보서 1:22
Do not merely listen to the word, and so deceive yourselves. Do what it says.

21
December

마음도 예쁘게 관리하고 있나요?

모든 지킬 만한 것 중에 더욱 네 마음을 지키라 생명의 근원이 이에서 남이니라 • 잠언 4:23
Above all else, guard your heart, for it is the wellspring of life.

09
January

오늘도 눈물로 뿌리는 나의 기도를 들어주세요

눈물을 흘리며 씨를 뿌리는 자는 기쁨으로 거두리로다 울며 씨를 뿌리러 나가는 자는 반드시 기쁨으로 그 곡식 단을 가지고 돌아오리로다 • 시편 126:5 – 6

Those who sow in tears will reap with songs of joy. He who goes out weeping, carrying seed to sow, will return with songs of joy, carrying sheaves with him.

치료의 하나님이 주시는 것은
부작용이 없어요

너희가 내 안에 거하고 내 말이 너희 안에 거하면 무엇이든지 원하는 대로 구하라 그리하면 이루리라
요한복음 15:7
If you remain in me and my words remain in you, ask whatever you wish, and it will be given you.

10
January

걱정 마세요
주님은 당신의 길을
가장 잘 아시니까요

여호와 그가 네 앞에서 가시며 너와 함께 하사 너를 떠나지 아니하시며 버리지 아니하시리니 너는 두려워하지 말라 놀라지 말라 • 신명기 31:8
The LORD himself goes before you and will be with you; he will never leave you nor forsake you. Do not be afraid; do not be discouraged.

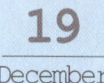

정말인가요?

믿어도 되는 건가요?

진짜예요?

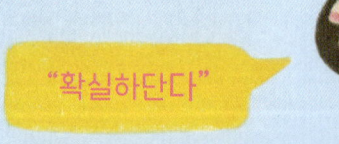
"확실하단다"

믿음은 바라는 것들의 실상이요 보이지 않는 것들의 증거니 • 히브리서 11:1
Now faith is being sure of what we hope for and certain of what we do not see.

11
January

마귀에게 조금의 틈도 주지 말아요

마귀에게 틈을 주지 말라 • 에베소서 4:27
and do not give the devil a foothold.

18
December

나의 부르짖음에 응답하시고
나의 약함을 강하게 하시는 주를 경배합니다

너희가 내게 부르짖으며 내게 와서 기도하면 내가 너희들의 기도를 들을 것이요 너희가 온 마음으로 나를 구하면 나를 찾을 것이요 나를 만나리라 • 예레미야 29:12 – 13

Then you will call upon me and come and pray to me, and I will listen to you. You will seek me and find me when you seek me with all your heart.

12
January

오늘도 우리 아버지 말씀에 "충성"

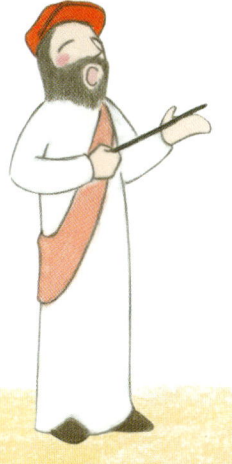

사람이 마땅히 우리를 그리스도의 일꾼이요 하나님의 비밀을 맡은 자로 여길지어다 그리고 맡은 자들에게 구할 것은 충성이니라 · 고린도전서 4:1-2

So then, men ought to regard us as servants of Christ and as those entrusted with the secret things of God. Now it is required that those who have been given a trust must prove faithful.

17
December

주님, 저는 약하고 약해요
아무것도 할 수 없어요
제 부르짖음을 들어주세요

여호와여 멀리 하지 마옵소서 나의 힘이시여 속히 나를 도우소서 • 시편 22:19
But you, O LORD, be not far off; O my Strength, come quickly to help me.

13
January

주님과 동행하는 기쁨을
더욱 알게 해주세요

여호와여 내가 알거니와 사람의 길이 자신에게 있지 아니하니 걸음을 지도함이 걷는 자에게 있지 아니하니이다 • 예레미야 10:23
I know, O LORD, that a man's life is not his own; it is not for man to direct his steps.

16
December

마귀가 주는 생각을 조심해야 해요

마귀가 벌써 시몬의 아들 가룟 유다의 마음에 예수를 팔려는 생각을 넣었더라 • 요한복음 13:2
and the devil had already prompted Judas Iscariot, son of Simon, to betray Jesus.

14
January

주님이 지으신
이 세상의 모든 것이
전부 당신을 위함이에요

하나님께서 지으신 모든 것이 선하매 감사함으로 받으면 버릴 것이 없나니 • 디모데전서 4:4
For everything God created is good, and nothing is to be rejected if it is received with thanksgiving.

15 December

부드러운 음성으로 들려 주시는
달고 오묘한 주의 말씀이 참 좋아요

주의 말씀의 맛이 내게 어찌 그리 단지요 내 입에 꿀보다 더 다니이다 • 시편 119:103
How sweet are your words to my taste, sweeter than honey to my mouth!

15
January

당신의 예배는 어떤 모습인가요?

하나님은 영이시니 예배하는 자가 영과 진리로 예배할지니라 • 요한복음 4:24
God is spirit, and his worshipers must worship in spirit and in truth.

14
December

쫑알쫑알, 오늘도 내 모든 생각을 주님께 드려요

여호와께서 내 음성과 내 간구를 들으시므로 내가 그를 사랑하는도다 그의 귀를 내게 기울이셨으므로 내가 평생에 기도하리로다 • 시편 116:1-2

I love the LORD, for he heard my voice; he heard my cry for mercy. Because he turned his ear to me, I will call on him as long as I live.

16
January

나의 영혼이 주님을
가까이 따르기를 원해요

하나님께 가까이 함이 내게 복이라 내가 주 여호와를 나의 피난처로 삼아 주의 모든 행적을 전파하리이다 • 시편 73:28
But as for me, it is good to be near God. I have made the Sovereign LORD my refuge; I will tell of all your deeds.

13
December

"나는 하나님의 자녀예요"
성령님이 분명히 알게 하시니
나는 고백할 수 있어요

성령이 친히 우리의 영과 더불어 우리가 하나님의 자녀인 것을 증언하시나니 • 로마서 8:16
The Spirit himself testifies with our spirit that we are God's children.

여호와 앞에 잠잠하고 참고 기다리라 자기 길이 형통하며 악한 꾀를 이루는 자 때문에 불평하지 말지어다 • 시편 37:7

Be still before the LORD and wait patiently for him; do not fret when men succeed in their ways, when they carry out their wicked schemes.

12
December

주님은 당신의 한 부분이 아니라 전부를 원하세요

내게 주신 모든 은혜를 내가 여호와께 무엇으로 보답할까 • 시편 116:12
How can I repay the LORD for all his goodness to me?

18
January

숨길 수 있을 거라 생각하지 말아요
주님이 하나하나 다 보고 계세요

감추인 것이 드러나지 않을 것이 없고 숨긴 것이 알려지지 않을 것이 없나니 • 누가복음 12:2
There is nothing concealed that will not be disclosed, or hidden that will not be made known.

11
December

우리 사랑 이대로 영원하기를

그러나 너를 책망할 것이 있나니 너의 처음 사랑을 버렸느니라 그러므로 어디서 떨어졌는지를 생각하고 회개하여 처음 행위를 가지라 • 요한계시록 2:4-5
Yet I hold this against you: You have forsaken your first love. Remember the height from which you have fallen!

19
January

제게는 주님뿐이라는 것,
　　　　주님은 아시지요?

여호와는 선하시며 환난 날에 산성이시라 그는 자기에게 피하는 자들을 아시느니라 • 나훔 1:7
The LORD is good, a refuge in times of trouble. He cares for those who trust in him.

10
December

기억하나요?
이때에도 우리 주님은
당신과 늘 함께하셨어요

곧 여호와의 일들을 기억하며 주께서 옛적에 행하신 기이한 일을 기억하리이다 • 시편 77:11
I will remember the deeds of the LORD; yes, I will remember your miracles of long ago.

우리에게 주신 이 말씀, 얼마나 복된지요
엄청난 보물을 발견한 듯 기뻐요

이에 그들의 마음을 열어 성경을 깨닫게 하시고 • 누가복음 24:45
Then he opened their minds so they could understand the Scriptures.

09
December

겉모습만 치장하면 무슨 소용 있나요?
주님은 '중심'을 보시는 분이에요

여호와께서 사무엘에게 이르시되 그의 용모와 키를 보지 말라 내가 이미 그를 버렸노라 내가 보는 것은 사람과 같지 아니하니 사람은 외모를 보거니와 나 여호와는 중심을 보느니라 하시더라 • 사무엘상 16:7

But the LORD said to Samuel, "Do not consider his appearance or his height, for I have rejected him. The LORD does not look at the things man looks at. Man looks at the outward appearance, but the LORD looks at the heart."

21
January

큰소리로 외치세요
영원한 생명의 말씀을요!

그러므로 모든 육체는 풀과 같고 그 모든 영광은 풀의 꽃과 같으니 풀은 마르고 꽃은 떨어지되 오직 주의 말씀은 세세토록 있도다 하였으니 너희에게 전한 복음이 곧 이 말씀이니라 · 베드로전서 1:24-25
For, "All men are like grass, and all their glory is like the flowers of the field; the grass withers and the flowers fall, but the word of the Lord stands forever." And this is the word that was preached to you.

08
December

나의 나 된 것은
모두 주님의 은혜입니다

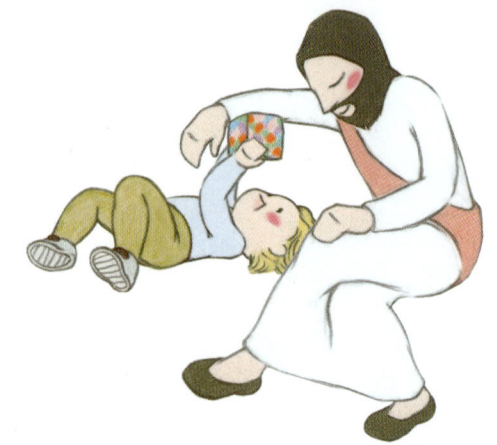

그러나 내가 나 된 것은 하나님의 은혜로 된 것이니 내게 주신 그의 은혜가 헛되지 아니하여 내가 모든 사도보다 더 많이 수고하였으나 내가 한 것이 아니요 오직 나와 함께 하신 하나님의 은혜로라 • 고린도전서 15:10

But by the grace of God I am what I am, and his grace to me was not without effect. No, I worked harder than all of them---yet not I, but the grace of God that was with me.

22
January

고민할 필요도 없어요
주님이 기뻐하시는 일만 선택하면 되어요

나를 보내신 이가 나와 함께 하시도다 나는 항상 그가 기뻐하시는 일을 행하므로 나를 혼자 두지 아니 하셨느니라 • 요한복음 8:29
The one who sent me is with me; he has not left me alone, for I always do what pleases him.

07
December

순간 두려워질 때, 순간 외로워질 때
"주님" 하고 빨리 부르세요

내가 고통 중에 여호와께 부르짖었더니 여호와께서 응답하시고 나를 넓은 곳에 세우셨도다 • 시편 118:5
In my anguish I cried to the LORD, and he answered by setting me free.

23
January

주는 나의 목자, 나는 주의 어린 양!
주님의 음성 듣기를 원해요

내 양은 내 음성을 들으며 나는 그들을 알며 그들은 나를 따르느니라 • 요한복음 10:27
My sheep listen to my voice; I know them, and they follow me.

06
December

내 마음에 주님만 계시다면
기쁨이 끊이지 않을 거예요

주 안에서 항상 기뻐하라 내가 다시 말하노니 기뻐하라 • 빌립보서 4:4
Rejoice in the Lord always. I will say it again: Rejoice!

24
January

오늘도 평안하니?

소망의 하나님이 모든 기쁨과 평강을 믿음 안에서 너희에게 충만하게 하사 성령의 능력으로 소망이 넘치게 하시기를 원하노라 • 로마서 15:13

May the God of hope fill you with all joy and peace as you trust in him, so that you may overflow with hope by the power of the Holy Spirit.

05
December

이제 달라질 거예요!
주님, 지켜봐 주세요

그런즉 누구든지 그리스도 안에 있으면 새로운 피조물이라 이전 것은 지나갔으니 보라 새 것이 되었도다
고린도후서 5:17
Therefore, if anyone is in Christ, he is a new creation; the old has gone, the new has come!

25
January

당신의 삶은
무엇이 가장 먼저인가요?

너희는 먼저 그의 나라와 그의 의를 구하라 그리하면 이 모든 것을 너희에게 더하시리라 • 마태복음 6:33
But seek first his kingdom and his righteousness, and all these things will be given to you as well.

04
December

복음을 전할 사람은 그 누구가 아닌 바로 당신입니다

그런즉 그들이 믿지 아니하는 이를 어찌 부르리요 듣지도 못한 이를 어찌 믿으리요 전파하는 자가 없이 어찌 들으리요 보내심을 받지 아니하였으면 어찌 전파하리요 · 로마서 10:14-15

How, then, can they call on the one they have not believed in? And how can they believe in the one of whom they have not heard? And how can they hear without someone preaching to them? And how can they preach unless they are sent?

26
January

오직 나는 여호와를 우러러보며 나를 구원하시는 하나님을 바라보나니 나의 하나님이 나에게 귀를 기울이시리로다 • 미가 7:7
But as for me, I watch in hope for the LORD, I wait for God my Savior; my God will hear me.

03
December

이 땅에서 사랑하는 모든 이들을
천국에서도 만나기를 원해요

천국은 마치 자기 아들을 위하여 혼인 잔치를 베푼 어떤 임금과 같으니 그 종들을 보내어 그 청한 사람들을 혼인 잔치에 오라 하였더니 오기를 싫어하거늘 • 마태복음 22:2-3

The kingdom of heaven is like a king who prepared a wedding banquet for his son. He sent his servants to those who had been invited to the banquet to tell them to come, but they refused to come.

27
January

아버지의 따스한 품을 기억하나요?
그 따스함 그대로 상대방을 안아주세요

자녀들아 우리가 말과 혀로만 사랑하지 말고 행함과 진실함으로 하자 • 요한일서 3:18
Dear children, let us not love with words or tongue but with actions and in truth.

02
December

딴 데 보지 말고
주님만 바라보고 나아가세요
끝까지 승리하세요

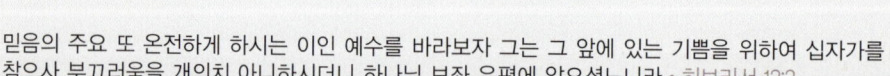

믿음의 주요 또 온전하게 하시는 이인 예수를 바라보자 그는 그 앞에 있는 기쁨을 위하여 십자가를 참으사 부끄러움을 개의치 아니하시더니 하나님 보좌 우편에 앉으셨느니라 • 히브리서 12:2
Let us fix our eyes on Jesus, the author and perfecter of our faith, who for the joy set before him endured the cross, scorning its shame, and sat down at the right hand of the throne of God.

28 January

기도는 우리의 삶이
주님의 것임을 기억하는 거예요

하나님의 말씀과 기도로 거룩하여짐이라 • 디모데전서 4:5
because it is consecrated by the word of God and prayer.

01
December

시험도 장애물도 너무 많지만
나는 주님을 향해 꿋꿋하게 나아갈 거예요

우리는 그의 약속대로 의가 있는 곳인 새 하늘과 새 땅을 바라보도다 • 베드로후서 3:13
But in keeping with his promise we are looking forward to a new heaven and a new earth, the home of righteousness.

29
January

언제나 나를 만족시켜 주시는 주님,
오늘도 저는 참 많이 받아버렸네요

그가 사모하는 영혼에게 만족을 주시며 주린 영혼에게 좋은 것으로 채워주심이로다 • 시편 107:9
for he satisfies the thirsty and fills the hungry with good things.

12 December

1 2 3 4 5 6 7 8 9 10 11 12 13 14 15 16 17 18 19 20 21 22 23 24 25 26 27 28 29 30 31

30
January

주님과 함께라면 용기낼 수 있어요

왕이여 우리가 섬기는 하나님이 계시다면 우리를 맹렬히 타는 풀무불 가운데에서 능히 건져내시겠고 왕의 손에서도 건져내시리이다 • 다니엘 3:17
If we are thrown into the blazing furnace, the God we serve is able to save us from it, and he will rescue us from your hand, O king.

30
November

아무것도 보이지 않는 것 같지만 믿음의 눈으로 바라볼래요

믿음으로 아브라함은 부르심을 받았을 때에 순종하여 장래의 유업으로 받을 땅에 나아갈새 갈 바를 알지 못하고 나아갔으며 • 히브리서 11:8

By faith Abraham, when called to go to a place he would later receive as his inheritance, obeyed and went, even though he did not know where he was going.

31
January

지치지 않도록 제게 힘을 주세요

충전

피곤한 자에게는 능력을 주시며 무능한 자에게는 힘을 더하시나니 • 이사야 40:29
He gives strength to the weary and increases the power of the weak.

29
November

깨어 기도하지 않으면
사탄의 먹잇감이 되고 말아요

시험에 들지 않게 깨어 기도하라 마음에는 원이로되 육신이 약하도다 • 마태복음 26:41
"Watch and pray so that you will not fall into temptation. The spirit is willing, but the body is weak."

2 February

1 2 3 4 5 6 7 8 9 10 11 12 13 14 15 16 17 18 19 20 21 22 23 24 25 26 27 28 29

28 November

주님의 인도하심을 진정 원한다면 말씀에 순종하세요

그런즉 너희 하나님 여호와께서 너희에게 명령하신 대로 너희는 삼가 행하여 좌로나 우로나 치우치지 말고 너희 하나님 여호와께서 너희에게 명령하신 모든 도를 행하라 • 신명기 5:32 – 33

So be careful to do what the LORD your God has commanded you; do not turn aside to the right or to the left. Walk in all the way that the LORD your God has commanded you

01
February

사랑 안에 거하면 행복해요

하나님이 우리를 사랑하시는 사랑을 우리가 알고 믿었노니 하나님은 사랑이시라 사랑 안에 거하는 자는 하나님 안에 거하고 하나님도 그의 안에 거하시느니라 • 요한일서 4:16

And so we know and rely on the love God has for us. God is love. Whoever lives in love lives in God, and God in him.

27
November

안될 거라는 믿음과 낙심하는 마음은
어찌 이리 강할까요?

"나의 믿음 없음을 도와주세요"

곧 그 아이의 아버지가 소리를 질러 이르되 내가 믿나이다 나의 믿음 없는 것을 도와 주소서 하더라·
마가복음 9:24
Immediately the boy's father exclaimed, "I do believe; help me overcome my unbelief!"

02
February

약한 제 발걸음을 지켜 주세요
넘어지지 않도록 꼬옥 잡아 주세요

대저 여호와는 네가 의지할 이시니라 네 발을 지켜 걸리지 않게 하시리라 • 잠언 3:26
for the LORD will be your confidence and will keep your foot from being snared.

26
November

주님이 주신 것들에 만족하고 있나요?
이 풍성함을 감사함으로 누리세요

너희가 젖을 빠는 것 같이 그 위로하는 품에서 만족하겠고 젖을 넉넉히 빤 것 같이 그 영광의 풍성함으로 말미암아 즐거워하리라 • 이사야 66:11

For you will nurse and be satisfied at her comforting breasts; you will drink deeply and delight in her overflowing abundance.

03
February

하나부터 열까지
알려 주시는 것,
가르쳐 주시는 것,
오늘도 힘을 다해 행할 거예요

내가 네 갈 길을 가르쳐 보이고 너를 주목하여 훈계하리로다 • 시편 32:8
I will instruct you and teach you in the way you should go; I will counsel you and watch over you.

25
November

아무 자격 없는 우리에게 주신 축복이 이렇게나 많아요

우리가 무슨 일이든지 우리에게서 난 것 같이 스스로 만족할 것이 아니니 우리의 만족은 오직 하나님으로부터 나느니라 • 고린도후서 3:5

Not that we are competent in ourselves to claim anything for ourselves, but our competence comes from God.

04
February

오늘도 변화무쌍한 나의 마음과
생각을 잠잠케 하시는 주님만 바라보기!

모든 지각에 뛰어난 하나님의 평강이 그리스도 예수 안에서 너희 마음과 생각을 지키시리라 • 빌립보서 4:7
And the peace of God, which transcends all understanding, will guard your hearts and your minds in Christ Jesus.

24
November

아버지의 사랑을 받는 자녀답게
아버지를 닮은 모습으로 살아가요

그러므로 사랑을 받는 자녀 같이 너희는 하나님을 본받는 자가 되고 • 에베소서 5:1
Be imitators of God, therefore, as dearly loved children.

05
February

주님이 나의 목자이신데
다른 무엇이 더 좋을 수 있을까요?

여호와는 나의 목자시니 내게 부족함이 없으리로다 • 시편 23:1
The LORD is my shepherd, I shall not be in want.

23
November

매 순간 우리 주님을 자랑합니다
어디를 가든 십자가를 자랑합니다

그의 거룩한 이름을 자랑하라 여호와를 구하는 자들은 마음이 즐거울지로다 • 시편 105:3
Glory in his holy name; let the hearts of those who seek the LORD rejoice.

06
February

예수님처럼 낮아질래요

주 앞에서 낮추라 그리하면 주께서 너희를 높이시리라 • 야고보서 4:10
Humble yourselves before the Lord, and he will lift you up.

22
November

착한 일을 하다보면 지칠 때가 있어요
하지만 포기하지 마세요
때가 되면 열매를 거둘 거예요

우리가 선을 행하되 낙심하지 말지니 포기하지 아니하면 때가 이르매 거두리라 • 갈라디아서 6:9
Let us not become weary in doing good, for at the proper time we will reap a harvest if we do not give up.

07
February

함께하는 우리 마음에
기쁨을 가득 채워주세요

모든 것이 하나님께로서 났으며 그가 그리스도로 말미암아 우리를 자기와 화목하게 하시고 또 우리에게
화목하게 하는 직분을 주셨으니 · 고린도후서 5:18
All this is from God, who reconciled us to himself through Christ and gave us the ministry of reconciliation.

21
November

역시 제일 좋은 건 주님의 곁
역시 가장 편한 건 주님의 품

너희는 처음부터 들은 것을 너희 안에 거하게 하라 처음부터 들은 것이 너희 안에 거하면 너희가 아들과 아버지 안에 거하리라 · 요한일서 2:24

See that what you have heard from the beginning remains in you. If it does, you also will remain in the Son and in the Father.

08
February

내 하나님 앞에서
부르짖는 것 외에 다른 길은 없어요

내가 지존하신 하나님께 부르짖음이여 곧 나를 위하여 모든 것을 이루시는 하나님께로다 • 시편 57:2
I cry out to God Most High, to God, who fulfills {his purpose} for me.

여호와께서는 자기 백성을 버리지 아니하시며 자기의 소유를 외면하지 아니하시리로다 • 시편 94:14
For the LORD will not reject his people; he will never forsake his inheritance.

09
February

"너는 귀하고 귀하단다!"
아버지께서 당신을 최고라고 하십니다
당신도 아버지가 제일 소중한가요?

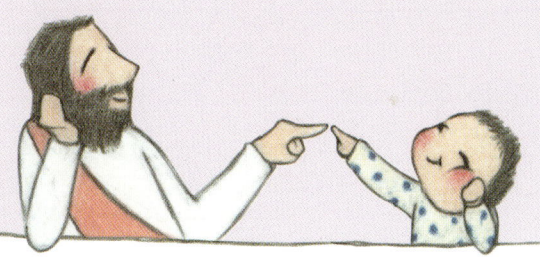

내가 여호와를 찬송하리니 이는 주께서 내게 은덕을 베푸심이로다 • 시편 13:6
I will sing to the LORD, for he has been good to me.

19
November

주님이 이끄시는 곳이라면
어디든지 믿음으로 갈 거예요

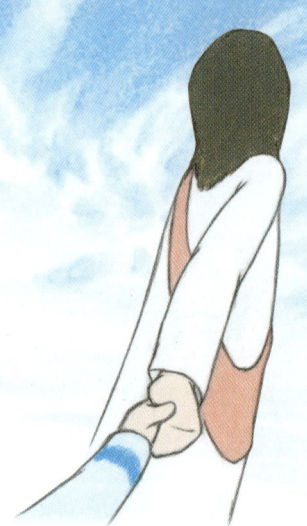

여호와께서 너희 앞에서 행하시며 이스라엘의 하나님이 너희 뒤에서 호위하시리니 너희가 황급히 나오지 아니하며 도망하듯 다니지 아니하리라 • 이사야 52:12

But you will not leave in haste or go in flight; for the LORD will go before you, the God of Israel will be your rear guard.

10
February

주님의 풍성한 사랑을 마음껏 누리고 있나요?

하나님은 하늘의 이슬과 땅의 기름짐이며 풍성한 곡식과 포도주를 네게 주시기를 원하노라 • 창세기 27:28
May God give you of heaven's dew and of earth's richness— an abundance of grain and new wine.

18
November

주님이 주시는 마음을
당신 안에 소중히 품으세요

주께서 너희 마음을 인도하여 하나님의 사랑과 그리스도의 인내에 들어가게 하시기를 원하노라
데살로니가후서 3:5
May the Lord direct your hearts into God's love and Christ's perseverance.

내가 먼저 용서받았기에 용서합니다
내가 먼저 사랑받았기에 사랑합니다
그리스도인의 출발은 '십자가'니까요

11
February

사랑하는 자들아 하나님이 이같이 우리를 사랑하셨은즉 우리도 서로 사랑하는 것이 마땅하도다 · 요한일서 4:11
Dear friends, since God so loved us, we also ought to love one another.

17
November

주님만으로 제 삶은 충분합니다!

말할 수 없는 그의 은사로 말미암아 하나님께 감사하노라 • 고린도후서 9:15
Thanks be to God for his indescribable gift!

12 February

어설프고 부족한 모습 그대로
당신은 아버지의 자랑과 기쁨이에요

우리의 소망이나 기쁨이나 자랑의 면류관이 무엇이냐 그가 강림하실 때 우리 주 예수 앞에 너희가 아니냐 너희는 우리의 영광이요 기쁨이니라 • 데살로니가전서 2:19-20

For what is our hope, our joy, or the crown in which we will glory in the presence of our Lord Jesus when he comes? Is it not you? Indeed, you are our glory and joy.

16
November

"거절은 거절한다"

내가 아무리 뿌리쳐도 소용없어요
주님은 끝까지 나를 사랑하세요

내가 너와 함께 있어 네가 어디로 가든지 너를 지키며 너를 이끌어 이 땅으로 돌아오게 할지라 내가 네게 허락한 것을 다 이루기까지 너를 떠나지 아니하리라 하신지라 • 창세기 28:15
I am with you and will watch over you wherever you go, and I will bring you back to this land. I will not leave you until I have done what I have promised you.

나의 가장 소중한 것을 드립니다
주님, 기쁘게 받아주세요

흠 있는 것은 무엇이나 너희가 드리지 말 것은 그것이 기쁘게 받으심이 되지 못할 것임이니라 • 레위기 22:20
Do not bring anything with a defect, because it will not be accepted on your behalf.

15
November

주님은 우리의 작은 마음을 기뻐 받으시고
모든 쓸 것을 채워주시는 분이에요

나의 하나님이 그리스도 예수 안에서 영광 가운데 그 풍성한 대로 너희 모든 쓸 것을 채우시리라 • 빌립보서 4:19
And my God will meet all your needs according to his glorious riches in Christ Jesus.

14
February

어느 누구도 판단하거나
손가락질할 수 없어요
우리는 모두 죄인이니까요

비판하지 말라 그리하면 너희가 비판을 받지 않을 것이요 정죄하지 말라 그리하면 너희가 정죄를 받지 않을 것이요 용서하라 그리하면 너희가 용서를 받을 것이요 • 누가복음 6:37
Do not judge, and you will not be judged. Do not condemn, and you will not be condemned. Forgive, and you will be forgiven.

14
November

내게 있는 것을 아낌없이 드릴 거예요
주님의 은혜를 생각하면 아까울 게 없어요

저들은 그 풍족한 중에서 헌금을 넣었거니와 이 과부는 그 가난한 중에서 자기가 가지고 있는 생활비 전부를 넣었느니라 하시니라 • 누가복음 21:4
All these people gave their gifts out of their wealth; but she out of her poverty put in all she had to live on.

15
February

잠드는 순간까지도
당신은 어떤 생각으로 가득 차 있나요?

내가 나의 침상에서 주를 기억하며 새벽에 주의 말씀을 작은 소리로 읊조릴 때에 하오리니 • 시편 63:6
On my bed I remember you; I think of you through the watches of the night.

13
November

정결한 마음을 주세요
주님을 더 잘 볼 수 있게요

하나님이여 내 속에 정한 마음을 창조하시고 내 안에 정직한 영을 새롭게 하소서 · 시편 51:10
Create in me a pure heart, O God, and renew a steadfast spirit within me.

16
February

언제라도 주님께 돌아오세요
그때는 바로 지금입니다!

여호와여 우리를 주께로 돌이키소서 그리하시면 우리가 주께로 돌아가겠사오니 우리의 날들을 다시 새롭게 하사 옛적 같게 하옵소서 • 예레미야애가 5:21
Restore us to yourself, O LORD, that we may return; renew our days as of old.

12
November

감당하기 어렵더라도 끝까지 사랑으로
품을 수 있기를 원해요

서로 친절하게 하며 불쌍히 여기며 서로 용서하기를 하나님이 그리스도 안에서 너희를 용서하심과 같이 하라 • 에베소서 4:32
Be kind and compassionate to one another, forgiving each other, just as in Christ God forgave you.

17
February

우리는 우리의 잘남이 아니라
주님의 사랑으로 깨끗함을 입었습니다

우리를 구원하시되 우리가 행한 바 의로운 행위로 말미암지 아니하고 오직 그의 긍휼하심을 따라 중생의 씻음과 성령의 새롭게 하심으로 하셨나니 • 디도서 3:5

he saved us, not because of righteous things we had done, but because of his mercy. He saved us through the washing of rebirth and renewal by the Holy Spirit.

11
November

영의 양식으로
제 속사람을
강건하게 해주세요

그의 영광의 풍성함을 따라 그의 성령으로 말미암아 너희 속사람을 능력으로 강건하게 하시오며 · 에베소서 3:16

I pray that out of his glorious riches he may strengthen you with power through his Spirit in your inner being.

18
February

오늘 누구랑 가장 많이 연락했나요?

당신을 가장 반겨 주시는 분은
예수님입니다

여호와여 나를 반기시는 때에 내가 주께 기도하오니 하나님이여 많은 인자와 구원의 진리로 내게 응답
하소서 • 시편 69:13
But I pray to you, O LORD, in the time of your favor; in your great love, O God, answer me with your sure salvation.

10
November

가난하게도 하시고
부하게도 하시는
주님을 늘 인정하기를 원합니다

여호와는 가난하게도 하시고 부하게도 하시며 낮추기도 하시고 높이기도 하시는도다 • 사무엘상 2:7
The LORD sends poverty and wealth; he humbles and he exalts.

19
February

딱 한 가지, 예수 그리스도 한 분만 알면 됩니다

내가 너희 중에서 예수 그리스도와 그가 십자가에 못 박히신 것 외에는 아무것도 알지 아니하기로 작정하였음이라 · 고린도전서 2:2

For I resolved to know nothing while I was with you except Jesus Christ and him crucified.

09
November

주님과 함께하면
지루한 일상이란 없어요

내가 여호와를 항상 내 앞에 모심이여 그가 나의 오른쪽에 계시므로 내가 흔들리지 아니하리로다 이러므로 나의 마음이 기쁘고 나의 영도 즐거워하며 내 육체도 안전히 살리니 • 시편 16:8 – 9
I have set the LORD always before me. Because he is at my right hand, I will not be shaken. Therefore my heart is glad and my tongue rejoices; my body also will rest secure.

20
February

온 세상이 당신을 버린 것 같나요?
걱정 말아요! 당신을 끝까지 돌보시는
주님이 함께하시니까요

네 평생에 너를 능히 대적할 자가 없으리니 내가 모세와 함께 있었던 것 같이 너와 함께 있을 것임이라 내가 너를 떠나지 아니하며 버리지 아니하리니 강하고 담대하라 • 여호수아 1:5-6
No one will be able to stand up against you all the days of your life. As I was with Moses, so I will be with you; I will never leave you nor forsake you. "Be strong and courageous, because you will lead these people to inherit the land I swore to their forefathers to give them."

08
November

말씀만 붙들고 가면
가장 좋은 길을 걷게 될 거예요

주의 법을 사랑하는 자에게는 큰 평안이 있으니 그들에게 장애물이 없으리이다 • 시편 119:165
Great peace have they who love your law, and nothing can make them stumble.

21
February

당신은 '한 몸'을 이뤄가는 자인가요?
분열을 일으키는 자인가요?

이와 같이 우리 많은 사람이 그리스도 안에서 한 몸이 되어 서로 지체가 되었느니라 • 로마서 12:5

so in Christ we who are many form one body, and each member belongs to all the others.

07
November

하나님의 일은 그분을 향한
온전한 믿음에서부터 시작합니다

예수께서 대답하여 이르시되 하나님께서 보내신 이를 믿는 것이 하나님의 일이니라 하시니 · 요한복음 6:29
Jesus answered, "The work of God is this: to believe in the one he has sent."

22
February

게으름으로 아무것도 하지 않으면
주님도 당신을 도와주실 수 없어요

게으른 자는 그 잡을 것도 사냥하지 아니하나니 사람의 부귀는 부지런한 것이니라 • 잠언 12:27
The lazy man does not roast his game, but the diligent man prizes his possessions.

06
November

하나님의 일, 자신의 힘으로 하려고 하나요?

그들이 묻되 우리가 어떻게 하여야 하나님의 일을 하오리이까 • 요한복음 6:28
Then they asked him, "What must we do to do the works God requires?"

23
February

복음에 침묵하고 계시나요,
아니면 전하고 계시나요?

아름다운 소식을 시온에 전하는 자여 너는 높은 산에 오르라 아름다운 소식을 예루살렘에 전하는 자여 너는 힘써 소리를 높이라 두려워하지 말고 소리를 높여 유다의 성읍들에게 이르기를 너희의 하나님을 보라 하라 • 이사야 40:9

You who bring good tidings to Zion, go up on a high mountain. You who bring good tidings to Jerusalem, lift up your voice with a shout, lift it up, do not be afraid; say to the towns of Judah, "Here is your God!"

05
November

헛되이 보낸 시간은
결코 다시 돌아오지 않아요

좀더 자자, 좀더 졸자, 손을 모으고 좀더 누워 있자 하면 네 빈궁이 강도 같이 오며 네 곤핍이 군사 같이 이르리라 • 잠언 6:10 – 11
A little sleep, a little slumber, a little folding of the hands to rest– and poverty will come on you like a bandit and scarcity like an armed man.

24
February

네 길을 여호와께 맡기라 그를 의지하면 그가 이루시고 네 의를 빛 같이 나타내시며 네 공의를 정오의 빛 같이 하시리로다 • 시편 37:5-6

Commit your way to the LORD; trust in him and he will do this: He will make your righteousness shine like the dawn, the justice of your cause like the noonday sun.

04
November

사랑을 배우기 위해서는
먼저 예수님을 만나야 해요

사랑은 여기 있으니 우리가 하나님을 사랑한 것이 아니요 하나님이 우리를 사랑하사 우리 죄를 속하기 위하여 화목 제물로 그 아들을 보내셨음이라 • 요한일서 4:10

This is love: not that we loved God, but that he loved us and sent his Son as an atoning sacrifice for our sins.

염려 말아요
'마침내' 잘되게 되어 있어요
주님을 믿기만 하세요!

너희 담대함을 버리지 말라 이것이 큰 상을 얻게 하느니라 • 히브리서 10:35
So do not throw away your confidence; it will be richly rewarded.

03
November

깨끗한 심령에 부어 주시는 은혜를 사모하세요

우리가 이 보배를 질그릇에 가졌으니 이는 심히 큰 능력은 하나님께 있고 우리에게 있지 아니함을 알게 하려 함이라 • 고린도후서 4:7
But we have this treasure in jars of clay to show that this all-surpassing power is from God and not from us.

26
February

아버지를 향한 마음, 켜져 있나요?

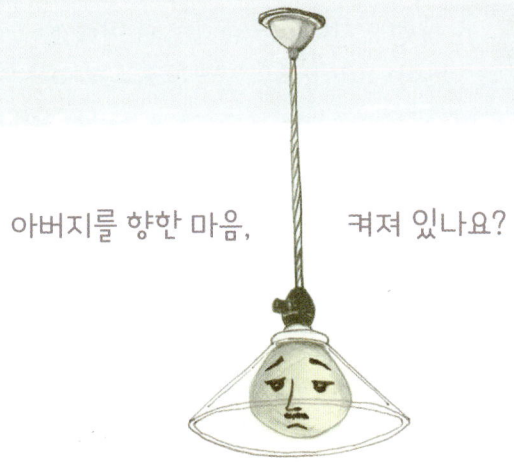

이 모든 일이 우리에게 임하였으나 우리가 주를 잊지 아니하며 주의 언약을 어기지 아니하였나이다 •
시편 44:17
All this happened to us, though we had not forgotten you or been false to your covenant.

02
November

어떤 그릇이냐는 중요하지 않아요
하나님의 기준은 깨끗함에 있어요

그러므로 누구든지 이런 것에서 자기를 깨끗하게 하면 귀히 쓰는 그릇이 되어 거룩하고 주인의 쓰심에 합당하며 모든 선한 일에 준비함이 되리라 • 디모데후서 2:21

If a man cleanses himself from the latter, he will be an instrument for noble purposes, made holy, useful to the Master and prepared to do any good work.

27
February

매순간 아버지를 향한 마음을 점검하세요

내가 주의 법도들을 영원히 잊지 아니하오니 주께서 이것들 때문에 나를 살게 하심이니이다 나는 주의 것이오니 나를 구원하소서 내가 주의 법도들만을 찾았나이다 • 시편 119:93-94
I will never forget your precepts, for by them you have preserved my life. Save me, for I am yours; I have sought out your precepts.

01
November

할 수 있다

내게 능력 주시는 자 안에서 내가 모든 것을 할 수 있느니라 • 빌립보서 4:13
I can do everything through him who gives me strength.

28
February

시련을 견디어 낸 우리에게는
'생명의 면류관'이 약속되어 있어요

그가 아름다운 관을 네 머리에 두겠고 영화로운 면류관을 네게 주리라 하셨느니라 • 잠언 4:9
She will set a garland of grace on your head and present you with a crown of splendor.

29
February

아버지의 선하심과 인자하심이
평생 당신을 따를 거예요

내 평생에 선하심과 인자하심이 반드시 나를 따르리니 내가 여호와의 집에 영원히 살리로다 • 시편 23:6
Surely goodness and love will follow me all the days of my life, and I will dwell in the house of the LORD forever.

31
October

주님을 의지하면 반드시 승리합니다

그가 이같이 큰 사망에서 우리를 건지셨고 또 건지실 것이며 이 후에도 건지시기를 그에게 바라노라
고린도후서 1:10
He has delivered us from such a deadly peril, and he will deliver us. On him we have set our hope that he will continue to deliver us.

30
October

주님, 살려주세요
더 이상 제 자신을 의지하지 않게 해주세요

힘에 겹도록 심한 고난을 당하여 살 소망까지 끊어지고 우리는 우리 자신이 사형 선고를 받은 줄 알았으니 이는 우리로 자기를 의지하지 말고 오직 죽은 자를 다시 살리시는 하나님만 의지하게 하심이라
고린도후서 1:8-9

We were under great pressure, far beyond our ability to endure, so that we despaired even of life. Indeed, in our hearts we felt the sentence of death. But this happened that we might not rely on ourselves but on God, who raises the dead.

01
March

큰일을 행하겠고 반드시 승리하리라

내가 네게 명령한 것이 아니냐 강하고 담대하라 두려워하지 말며 놀라지 말라 네가 어디로 가든지 네 하나님 여호와가 너와 함께 하느니라 하시니라 • 여호수아 1:9

Have I not commanded you? Be strong and courageous. Do not be terrified; do not be discouraged, for the LORD your God will be with you wherever you go.

29
October

앗! 우리 주님 만나러 갈 시간이다

그런즉 내가 하나님의 제단에 나아가 나의 큰 기쁨의 하나님께 이르리이다 하나님이여 나의 하나님이여 내가 수금으로 주를 찬양하리이다 • 시편 43:4
Then will I go to the altar of God, to God, my joy and my delight. I will praise you with the harp, O God, my God.

02
March

" 주님, 힘들어 죽겠어요 "

그러나 하나님 앞에서 견디고
참는 것은 복된 일이에요

시험을 참는 자는 복이 있나니 이는 시련을 견디어 낸 자가 주께서 자기를 사랑하는 자들에게 약속하신 생명의 면류관을 얻을 것이기 때문이라 • 야고보서 1:12

Blessed is the man who perseveres under trial, because when he has stood the test, he will receive the crown of life that God has promised to those who love him.

28
OCTOBER

"내게 다 말해보렴!
네 모든 형편을 내가 살펴볼게
나만 믿어 봐!"

주는 하늘에서 그들의 기도와 간구를 들으시고 그들의 일을 돌아보옵소서 · 열왕기상 8:45
then hear from heaven their prayer and their plea, and uphold their cause.

03
March

세상 그리고 주님과 꼭 잡은 손
당신은 무엇이 더 부럽나요?

네 마음으로 죄인의 형통을 부러워하지 말고 항상 여호와를 경외하라 정녕히 네 장래가 있겠고 네 소망이 끊어지지 아니하리라 • 잠언 23:17 – 18

Do not let your heart envy sinners, but always be zealous for the fear of the LORD. There is surely a future hope for you, and your hope will not be cut off.

27
October

은혜 받은 말씀, 삶에도 적용시키고 있나요?

내가 네 행위를 아노니 네가 차지도 아니하고 뜨겁지도 아니하도다 네가 차든지 뜨겁든지 하기를 원하노라 • 요한계시록 3:15
I know your deeds, that you are neither cold nor hot. I wish you were either one or the other!

04
March

우리 아버지께서 왜 모르시겠어요?

이미 다 알고 해결해주시는
아버지시잖아요

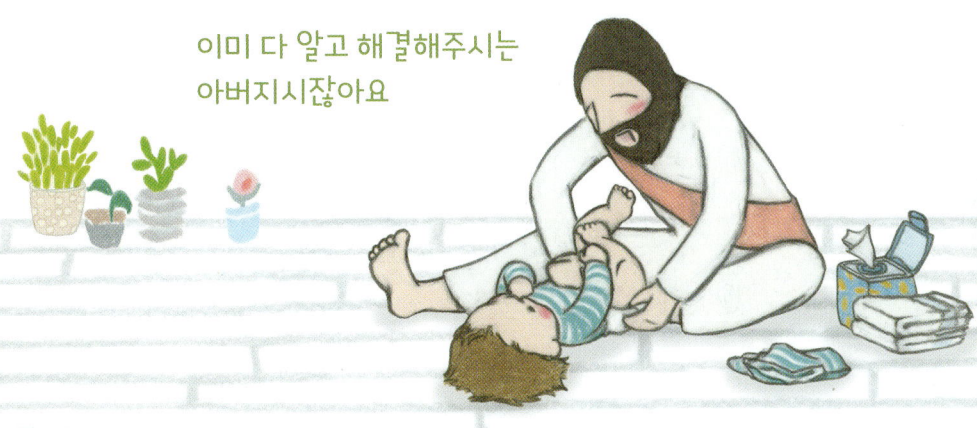

구하기 전에 너희에게 있어야 할 것을 하나님 너희 아버지께서 아시느니라 • 마태복음 6:8
Do not be like them, for your Father knows what you need before you ask him.

오늘 주님과 얼마나 많은 시간을 보냈나요?

이것이 노아의 족보니라 노아는 의인이요 당대에 완전한 자라 그는 하나님과 동행하였으며 • 창세기 6:9
This is the account of Noah. Noah was a righteous man, blameless among the people of his time, and he walked with God.

05
March

하나님과 함께하면
하늘의 비밀한 삶을 누릴 거예요

근심하는 자 같으나 항상 기뻐하고 가난한 자 같으나 많은 사람을 부요하게 하고 아무것도 없는 자 같으나 모든 것을 가진 자로다 • 고린도후서 6:10
sorrowful, yet always rejoicing; poor, yet making many rich; having nothing, and yet possessing everything.

25
October

순종을 요구하는 당신,
그러면 당신은 하늘 아버지와 부모님께
얼마나 잘 순종하고 있나요?

너희가 즐겨 순종하면 땅의 아름다운 소산을 먹을 것이요 • 이사야 1:19
If you are willing and obedient, you will eat the best from the land;

06
March

하나님을 떠나면 부끄러움을 당할 거예요

이스라엘의 소망이신 여호와여 무릇 주를 버리는 자는 다 수치를 당할 것이라 무릇 여호와를 떠나는 자는 흙에 기록이 되오리니 이는 생수의 근원이신 여호와를 버림이니이다 • 예레미야 17:13

O LORD, the hope of Israel, all who forsake you will be put to shame. Those who turn away from you will be written in the dust because they have forsaken the LORD, the spring of living water.

24
October

당신은 아버지께서 찾으시는 예배자인가요?

아버지께 참되게 예배하는 자들은 영과 진리로 예배할 때가 오나니 곧 이 때라 아버지께서는 자기에게 이렇게 예배하는 자들을 찾으시느니라 • 요한복음 4:23
Yet a time is coming and has now come when the true worshipers will worship the Father in spirit and truth, for they are the kind of worshipers the Father seeks.

07
March

주님께서 부르실 때
그곳을 향해 달려가세요

여호와 외에 누가 하나님이며 우리 하나님 외에 누가 반석이냐 하나님은 나의 견고한 요새시며 나를 안전한 곳으로 인도하시며 · 사무엘하 22:32 – 33

For who is God besides the LORD? And who is the Rock except our God? It is God who arms me with strength and makes my way perfect.

23
October

지금까지 자신만을 위해
열심히 살아왔다면
이제는 주 안에서
수고하면 어떨까요?

일하는 자가 그의 수고로 말미암아 무슨 이익이 있으랴 • 전도서 3:9
What does the worker gain from his toil?

08
March

진실한 기도는 사라지지 않아요

너희가 내게 부르짖으며 내게 와서 기도하면 내가 너희들의 기도를 들을 것이요 • 예레미야 29:12
Then you will call upon me and come and pray to me, and I will listen to you.

22 October

지금 어디에 있나요? 어디쯤 왔나요?
당신을 향한 주님의 애끓는 사랑을 안다면
어서 빨리 달려오세요

내가 네게 장가 들어 영원히 살되 공의와 정의와 은총과 긍휼히 여김으로 네게 장가 들며 진실함으로 네게 장가 들리니 네가 여호와를 알리라 • 호세아 2:19-20
I will betroth you to me forever; I will betroth you in righteousness and justice, in love and compassion. I will betroth you in faithfulness, and you will acknowledge the LORD.

09
March

당신은 누구를 가장 간절히 찾고 있나요?

여호와께서는 자기에게 간구하는 모든 자 곧 진실하게 간구하는 모든 자에게 가까이 하시는도다 그는 자기를 경외하는 자들의 소원을 이루시며 또 그들의 부르짖음을 들으사 구원하시리로다 • 시편 145:18 – 19

The LORD is near to all who call on him, to all who call on him in truth. He fulfills the desires of those who fear him; he hears their cry and saves them.

21
October

성령님,
연약한 저를 위해 간구해주세요

이와 같이 성령도 우리의 연약함을 도우시나니 우리는 마땅히 기도할 바를 알지 못하나 오직 성령이 말할 수 없는 탄식으로 우리를 위하여 친히 간구하시느니라 • 로마서 8:26

In the same way, the Spirit helps us in our weakness. We do not know what we ought to pray for, but the Spirit himself intercedes for us with groans that words cannot express.

10
March

"진리의 말씀을 네가 믿느냐?"

나는 부활이요 생명이니 나를 믿는 자는 죽어도 살겠고 무릇 살아서 나를 믿는 자는 영원히 죽지 아니하리니 이것을 네가 믿느냐 • 요한복음 11:25 – 26

Jesus said to her, "I am the resurrection and the life. He who believes in me will live, even though he dies; and whoever lives and believes in me will never die. Do you believe this?"

20
October

주님께 딱 붙어 있을래요
내가 거할 처소는 주님 품이에요

내 안에 거하라 나도 너희 안에 거하리라 가지가 포도나무에 붙어 있지 아니하면 스스로 열매를 맺을 수 없음 같이 너희도 내 안에 있지 아니하면 그러하리라 • 요한복음 15:4
Remain in me, and I will remain in you. No branch can bear fruit by itself; it must remain in the vine. Neither can you bear fruit unless you remain in me.

11
March

"주여, 내가 믿나이다!"

믿음의 비밀을 가지고 살게 해주세요

이르되 주여 그러하외다 주는 그리스도시요 세상에 오시는 하나님의 아들이신 줄 내가 믿나이다 • 요한복음 11:27

"Yes, Lord," she told him, "I believe that you are the Christ, the Son of God, who was to come into the world."

19
October

주님께 쏟는 관심
주님을 찾는 열정
이 모든 것은 절대로
사라지지 않을 거예요

이를 위하여 우리가 수고하고 힘쓰는 것은 우리 소망을 살아 계신 하나님께 둠이니 곧 모든 사람 특히 믿는 자들의 구주시라 • 디모데전서 4:10
(and for this we labor and strive), that we have put our hope in the living God, who is the Savior of all men, and especially of those who believe.

12
March

"똑똑"
내게 마음문을 열어 주지 않겠니?

볼지어다 내가 문 밖에 서서 두드리노니 누구든지 내 음성을 듣고 문을 열면 내가 그에게로 들어가 그와 더불어 먹고 그는 나와 더불어 먹으리라 • 요한계시록 3:20

Here I am! I stand at the door and knock. If anyone hears my voice and opens the door, I will come in and eat with him, and he with me.

18
October

내 영혼아, 평안할지어다

내 영혼아 네 평안함으로 돌아갈지어다 여호와께서 너를 후대하심이로다 • 시편 116:7
Be at rest once more, O my soul, for the LORD has been good to you.

13
March

힘들었지만 후회하지 않아요
주님과 함께라서 정말 다행이에요

우리의 모든 환난 중에서 우리를 위로하사 우리로 하여금 하나님께 받는 위로로써 모든 환난 중에 있는 자들을 능히 위로하게 하시는 이시로다 • 고린도후서 1:4

who comforts us in all our troubles, so that we can comfort those in any trouble with the comfort we ourselves have received from God.

17
October

"주님, 사랑해요
더욱 사랑하길 원해요"

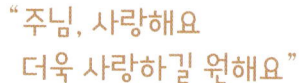

내가 주님을 사랑하는 줄 주님께서 아시나이다 • 요한복음 21:17
"Lord, you know all things; you know that I love you."

14
March

바쁘다고 주님을 그냥 지나치지 마세요

그분을 바라보는 것이
가장 중요한 일이 되어야 해요

그러므로 깨어 있으라 어느 날에 너희 주가 임할는지 너희가 알지 못함이니라 • 마태복음 24:42
Therefore keep watch, because you do not know on what day your Lord will come.

16
October

"네가 나를 사랑하느냐?"

요한의 아들 시몬아 네가 이 사람들보다 나를 더 사랑하느냐 • 요한복음 21:15
"Simon son of John, do you truly love me more than these?"

15
March

환난과 어려움에 집중하면
거기서 결코 빠져나올 수 없어요

나의 환난 날에 내가 주께 부르짖으리니 주께서 내게 응답하시리이다 • 시편 86:7
In the day of my trouble I will call to you, for you will answer me.

15
October

아침마다 새로운 주님의 사랑과
긍휼로 인하여 행복해요

이것들이 아침마다 새로우니 주의 성실하심이 크시도소이다 • 예레미야애가 3:23
They are new every morning; great is your faithfulness.

16
March

그 어떤 것도
우리 주님보다 크지 않아요

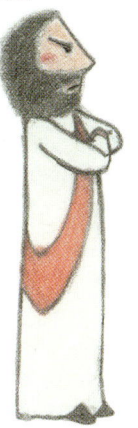

하나님은 우리의 피난처시요 힘이시니 환난 중에 만날 큰 도움이시라 • 시편 46:1
God is our refuge and strength, an ever-present help in trouble.

14 October

주 안에서 참 자유를 누리세요

주는 영이시니 주의 영이 계신 곳에는 자유가 있느니라 • 고린도후서 3:17
Now the Lord is the Spirit, and where the Spirit of the Lord is, there is freedom.

17
March

신랑 되시는 예수님을 맞이할 신부로 단장 되었나요?

마치 청년이 처녀와 결혼함 같이 네 아들들이 너를 취하겠고 신랑이 신부를 기뻐함 같이 네 하나님이 너를 기뻐하시리라 • 이사야 62:5

As a young man marries a maiden, so will your sons marry you; as a bridegroom rejoices over his bride, so will your God rejoice over you.

13
October

당신의 모든 행동이
주님께 영광을 돌리고 있나요?

그런즉 너희가 먹든지 마시든지 무엇을 하든지 다 하나님의 영광을 위하여 하라 • 고린도전서 10:31
So whether you eat or drink or whatever you do, do it all for the glory of God.

18
March

그럼에도 불구하고 전파하세요

우리는 우리를 전파하는 것이 아니라 오직 그리스도 예수의 주 되신 것과 또 예수를 위하여 우리가 너희의 종 된 것을 전파함이라 • 고린도후서 4:5

For we do not preach ourselves, but Jesus Christ as Lord, and ourselves as your servants for Jesus' sake.

12
October

"나만 바라보면 모든 것을 견딜 수 있단다"

우리가 환난 당하는 것도 너희가 위로와 구원을 받게 하려는 것이요 우리가 위로를 받는 것도 너희가 위로를 받게 하려는 것이니 이 위로가 너희 속에 역사하여 우리가 받는 것 같은 고난을 너희도 견디게 하느니라 • 고린도후서 1:6

If we are distressed, it is for your comfort and salvation; if we are comforted, it is for your comfort, which produces in you patient endurance of the same sufferings we suffer.

19
March

아무에게나 다 던져지는 은혜처럼 보이지만
오직 택하신 자만이 받을 수 있어요

당신이 바로 그 한 영혼이에요

주께서 택하시고 가까이 오게 하사 주의 뜰에 살게 하신 사람은 복이 있나이다 우리가 주의 집 곧 주의 성전의 아름다움으로 만족하리이다 • 시편 65:4

Blessed are those you choose and bring near to live in your courts! We are filled with the good things of your house, of your holy temple.

11
October

나의 마음이 병들었어요
나의 기쁨이 다 사라졌어요
주님, 나를 돌아봐주세요

여호와여 내가 고통 중에 있사오니 내게 은혜를 베푸소서 내가 근심 때문에 눈과 영혼과 몸이 쇠하였나이다 • 시편 31:9
Be merciful to me, O LORD, for I am in distress; my eyes grow weak with sorrow, my soul and my body with grief.

20
March

"당신은 어두움 가운데 찾아와 주시는
예수님을 경험했나요?"

참 빛 곧 세상에 와서 각 사람에게 비추는 빛이 있었나니 그가 세상에 계셨으며 세상은 그로 말미암아 지은 바 되었으되 세상이 그를 알지 못하였고 • 요한복음 1:9 – 10

The true light that gives light to every man was coming into the world. He was in the world, and though the world was made through him, the world did not recognize him.

10
October

당신을 위한 깜짝 이벤트!
주님께서 언제나 당신을 위해 준비해주시죠

평강의 주께서 친히 때마다 일마다 너희에게 평강을 주시고 주께서 너희 모든 사람과 함께 하시기를 원하노라 • 데살로니가후서 3:16

Now may the Lord of peace himself give you peace at all times and in every way. The Lord be with all of you.

21
— March —

예수께서 이르시되 할 수 있거든이 무슨 말이냐 믿는 자에게는 능히 하지 못할 일이 없느니라 하시니 •
마가복음 9:23
" 'If you can'?" said Jesus. "Everything is possible for him who believes."

09
October

어차피 더러워질 몸을
매일 씻는 것처럼
매번 반복되는 죄도
계속 회개해야 해요

그러므로 너의 이 악함을 회개하고 주께 기도하라 혹 마음에 품은 것을 사하여 주시리라 • 사도행전 8:22
Repent of this wickedness and pray to the Lord. Perhaps he will forgive you for having such a thought in your heart.

22
March

당신에게 아무것도 없을 때
주님만으로 감사할 수 있나요?

비록 무화과나무가 무성하지 못하며 포도나무에 열매가 없으며 감람나무에 소출이 없으며 밭에 먹을 것이 없으며 우리에 양이 없으며 외양간에 소가 없을지라도 나는 여호와로 말미암아 즐거워하며 나의 구원의 하나님으로 말미암아 기뻐하리로다 • 하박국 3:17 – 18

Though the fig tree does not bud and there are no grapes on the vines, though the olive crop fails and the fields produce no food, though there are no sheep in the pen and no cattle in the stalls, yet I will rejoice in the LORD, I will be joyful in God my Savior.

08
October

우리가 한마음으로 기도할 때
놀라운 능력이 임할 거예요

진실로 다시 너희에게 이르노니 너희 중의 두 사람이 땅에서 합심하여 무엇이든지 구하면 하늘에 계신 내 아버지께서 그들을 위하여 이루게 하시리라 • 마태복음 18:19
Again, I tell you that if two of you on earth agree about anything you ask for, it will be done for you by my Father in heaven.

23
March

나의 기쁨 나의 소망, 예수 그리스도

여호와를 기뻐하라 그가 네 마음의 소원을 네게 이루어 주시리로다 • 시편 37:4
Delight yourself in the LORD and he will give you the desires of your heart.

07
October

이제 우리 기쁨도 함께! 슬픔도 함께!

즐거워하는 자들과 함께 즐거워하고 우는 자들과 함께 울라 • 로마서 12:15
Rejoice with those who rejoice; mourn with those who mourn.

24
March

아버지의 위로만으로
아버지의 은혜만으로 충분하지 않나요?
어리석은 분노로
예수님을 놓치지 마세요

유순한 대답은 분노를 쉬게 하여도 과격한 말은 노를 격동하느니라 • 잠언 15:1
A gentle answer turns away wrath, but a harsh word stirs up anger.

06
October

어떤 양식이 필요한지
어떤 훈련이 필요한지
가장 잘 아시는 주님을 신뢰합니다

그들에게 만나를 비 같이 내려 먹이시며 하늘 양식을 그들에게 주셨나니 • 시편 78:24
he rained down manna for the people to eat, he gave them the grain of heaven.

25
March

당신의 한 끼,
얼마나 소중한지
아시나요?

그 때에 여호와께서 모세에게 이르시되 보라 내가 너희를 위하여 하늘에서 양식을 비 같이 내리리니 백성이 나가서 일용할 것을 날마다 거둘 것이라 • 출애굽기 16:4

Then the LORD said to Moses, "I will rain down bread from heaven for you. The people are to go out each day and gather enough for that day."

05
October

헛된 것은 낚지 말고
주의 잃어버린 양을 찾으세요

말씀하시되 나를 따라오라 내가 너희를 사람을 낚는 어부가 되게 하리라 하시니 • 마태복음 4:19
"Come, follow me," Jesus said, "and I will make you fishers of men."

26
March

당신은 아무 자격 없어요
심판은 오직 주님 한 분이세요

입법자와 재판관은 오직 한 분이시니 능히 구원하기도 하시며 멸하기도 하시느니라 너는 누구이기에 이웃을 판단하느냐 • 야고보서 4:12
There is only one Lawgiver and Judge, the one who is able to save and destroy. But you—who are you to judge your neighbor?

04
October

십자가로 승리하신 주님을 찬양해요

평강의 하나님께서 속히 사탄을 너희 발 아래에서 상하게 하시리라 우리 주 예수의 은혜가 너희에게 있을지어다 • 로마서 16:20

The God of peace will soon crush Satan under your feet. The grace of our Lord Jesus be with you.

27
March

주어진 작은 일에 충성할 때
주님이 기뻐하세요

그 주인이 이르되 잘하였도다 착하고 충성된 종아 네가 적은 일에 충성하였으매 내가 많은 것을 네게 맡기리니 네 주인의 즐거움에 참여할지어다 • 마태복음 25:21

His master replied, Well done, good and faithful servant! You have been faithful with a few things; I will put you in charge of many things. Come and share your master's happiness.

03
October

이제 제가 먼저
　　손을 내밀게요

새 계명을 너희에게 주노니 서로 사랑하라 내가 너희를 사랑한 것 같이 너희도 서로 사랑하라 • 요한복음 13:34

A new command I give you: Love one another. As I have loved you, so you must love one another.

28
March

매일 고백해도 부족할 만큼   나는 죄인이에요

내가 이르기를 내 허물을 여호와께 자복하리라 하고 주께 내 죄를 아뢰고 내 죄악을 숨기지 아니하였더니 곧 주께서 내 죄악을 사하셨나이다 • 시편 32:5

Then I acknowledged my sin to you and did not cover up my iniquity. I said, "I will confess my transgressions to the LORD "–– and you forgave the guilt of my sin.

02
October

거센 비바람이 내리쳐도
주님 안에 있으면
언제나 사랑비가 내려요

여호와의 이름은 견고한 망대라 의인은 그리로 달려가서 안전함을 얻느니라 • 잠언 18:10
The name of the LORD is a strong tower; the righteous run to it and are safe.

29
March

당신은 무엇에 힘쓰고 애쓰고 있나요?

우리는 오로지 기도하는 일과 말씀 사역에 힘쓰리라 하니 • 사도행전 6:4
and will give our attention to prayer and the ministry of the word.

01
October

"기다려!
모든 것이 합력하여 선을 이룰 거야"

우리가 알거니와 하나님을 사랑하는 자 곧 그의 뜻대로 부르심을 입은 자들에게는 모든 것이 합력하여 선을 이루느니라 • 로마서 8:28

And we know that in all things God works for the good of those who love him, who have been called according to his purpose.

30
March

"왜 자꾸 의심하니?
나를 왜 못 믿는 거니?"

오직 믿음으로 구하고 조금도 의심하지 말라 의심하는 자는 마치 바람에 밀려 요동하는 바다 물결 같으니 • 야고보서 1:6
But when he asks, he must believe and not doubt, because he who doubts is like a wave of the sea, blown and tossed by the wind.

1 2 3 4 5 6 7 8 9 10 11 12 13 14 15 16 17 18 19 20 21 22 23 24 25 26 27 28 29 30 31

31
March

주님, 제게 죄를 깨달을 수 있는 은혜를 베풀어 주세요

하나님이여 주의 인자를 따라 내게 은혜를 베푸시며 주의 많은 긍휼을 따라 내 죄악을 지워 주소서 나의 죄악을 말갛게 씻으시며 나의 죄를 깨끗이 제하소서 • 시편 51:1-2

Have mercy on me, O God, according to your unfailing love; according to your great compassion blot out my transgressions. Wash away all my iniquity and cleanse me from my sin.

30
September

내 눈을 열어 진리를 깨닫게 해주세요

내 눈을 열어서 주의 율법에서 놀라운 것을 보게 하소서 • 시편 119:18
Open my eyes that I may see wonderful things in your law.

29
September

사랑한다는 말,
얼마나 자주 하세요?

우리가 이 계명을 주께 받았나니 하나님을 사랑하는 자는 또한 그 형제를 사랑할지니라 • 요한일서 4:21
And he has given us this command: Whoever loves God must also love his brother.

01
April

"네 죄를 내게 맡기렴"

나의 더러운 죄, 부끄러운 죄,
주님 앞에 내어놓습니다

만일 우리가 우리 죄를 자백하면 그는 미쁘시고 의로우사 우리 죄를 사하시며 우리를 모든 불의에서 깨끗하게 하실 것이요 • 요한일서 1:9

If we confess our sins, he is faithful and just and will forgive us our sins and purify us from all unrighteousness.

28
September

주님 주시는 기쁜 소식을
곳곳마다 전할 거예요

내가 복음을 위하여 모든 것을 행함은 복음에 참여하고자 함이라 • 고린도전서 9:23
I do all this for the sake of the gospel, that I may share in its blessings.

02
April

지나온 하루를 돌아보니
주님의 손길 닿지 않은 순간이 하나도 없었어요
지금 이 순간까지도요

여호와여 주께서 하신 일이 어찌 그리 많은지요 주께서 지혜로 그들을 다 지으셨으니 주께서 지으신 것들이 땅에 가득하니이다 • 시편 104:24

How many are your works, O LORD! In wisdom you made them all; the earth is full of your creatures.

27
September

푯대를 향하여 포기하지 말고
GO!

푯대를 향하여 그리스도 예수 안에서 하나님이 위에서 부르신 부름의 상을 위하여 달려가노라 • 빌립보서 3:14
I press on toward the goal to win the prize for which God has called me heavenward in Christ Jesus.

03
April

주님의 음성이 당신의 삶을 일으킵니다

그가 내게 말씀하실 때에 그 영이 내게 임하사 나를 일으켜 내 발로 세우시기로 내가 그 말씀하시는 자의 소리를 들으니 • 에스겔 2:2

As he spoke, the Spirit came into me and raised me to my feet, and I heard him speaking to me.

26
September

주님이 '가라' 하실 때 달려갈 준비되셨나요?

평안의 복음이 준비한 것으로 신을 신고 • 에베소서 6:15
and with your feet fitted with the readiness that comes from the gospel of peace.

04
April

나의 모든 간절함이
주께만 향하길 원해요

나를 사랑하는 자들이 나의 사랑을 입으며 나를 간절히 찾는 자가 나를 만날 것이니라 • 잠언 8:17
I love those who love me, and those who seek me find me.

25
September

당신의 믿음을
어떻게 증거해나가고 있나요?
행하지 않으면 아무 소용 없어요

네가 보거니와 믿음이 그의 행함과 함께 일하고 행함으로 믿음이 온전하게 되었느니라 • 야고보서 2:22
You see that his faith and his actions were working together, and his faith was made complete by what he did.

05
April

주님,
흔들리는 제 믿음을 굳게 세워주세요

이에 제자들에게 이르시되 어찌하여 이렇게 무서워하느냐 너희가 어찌 믿음이 없느냐 하시니 • 마가복음 4:40

He said to his disciples, "Why are you so afraid? Do you still have no faith?"

24
September

모든 일에 기도와
간구로 나아가
주님의 은혜를 누리세요

아무것도 염려하지 말고 다만 모든 일에 기도와 간구로, 너희 구할 것을 감사함으로 하나님께 아뢰라 • 빌립보서 4:6

Do not be anxious about anything, but in everything, by prayer and petition, with thanksgiving, present your requests to God.

06
April

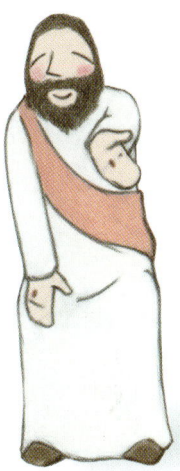

"내게로 오라
　내가 너를 건지리라"

환난 날에 나를 부르라 내가 너를 건지리니 네가 나를 영화롭게 하리로다 • 시편 50:15
and call upon me in the day of trouble; I will deliver you, and you will honor me.

23
September

주님 없이 혼자서도
충분히 해낼 수 있는 일이라고
큰소리치지 마세요

여호와께서 집을 세우지 아니하시면 세우는 자의 수고가 헛되며 여호와께서 성을 지키지 아니하시면 파수꾼의 깨어 있음이 헛되도다 • 시편 127:1

Unless the LORD builds the house, its builders labor in vain. Unless the LORD watches over the city, the watchmen stand guard in vain.

07
April

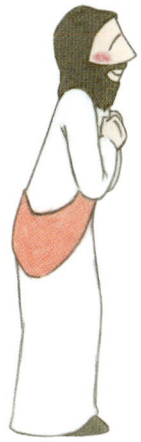

작은 마음 하나라도
주님께 더 드리길 원해요

그가 너로 말미암아 기쁨을 이기지 못하시며 너를 잠잠히 사랑하시며 너로 말미암아 즐거이 부르며 기뻐하시리라 하리라 • 스바냐 3:17
He will take great delight in you, he will quiet you with his love, he will rejoice over you with singing.

22
September

당신을 지키시는 분은
졸지도 주무시지도 않으세요

이스라엘을 지키시는 이는 졸지도 아니하시고 주무시지도 아니하시리로다 • 시편 121:4
indeed, he who watches over Israel will neither slumber nor sleep.

08
April

나를 향한 주님의 사랑
다 표현할 수 없어요

여호와 나의 하나님이여 주께서 행하신 기적이 많고 우리를 향하신 주의 생각도 많아 누구도 주와 견줄 수가 없나이다 내가 널리 알려 말하고자 하나 너무 많아 그 수를 셀 수도 없나이다 • 시편 40:5

Many, O LORD my God, are the wonders you have done. The things you planned for us no one can recount to you; were I to speak and tell of them, they would be too many to declare.

21
September

우리 주님은 늘 당신이 바라는 것보다
더 주기를 원하세요

여호와는 네게 복을 주시고 너를 지키시기를 원하며 여호와는 그의 얼굴을 네게 비추사 은혜 베푸시기를 원하며 여호와는 그 얼굴을 네게로 향하여 드사 평강 주시기를 원하노라 할지니라 • 민수기 6:24 – 26
The LORD bless you and keep you; the LORD make his face shine upon you and be gracious to you; the LORD turn his face toward you and give you peace.

그들이 먹을 때에 이르시되 내가 진실로 너희에게 이르노니 너희 중의 한 사람이 나를 팔리라 하시니 그들이 몹시 근심하여 각각 여짜오되 주여 나는 아니지요 • 마태복음 26:21 - 22

And while they were eating, he said, "I tell you the truth, one of you will betray me." They were very sad and began to say to him one after the other, "Surely not I, Lord?"

20
September

당신은 예수님의
  참 제자인가요?

주의 교훈으로 나를 인도하시고 후에는 영광으로 나를 영접하시리니 • 시편 73:24
You guide me with your counsel, and afterward you will take me into glory.

10
April

낙심할 필요도 겁먹을 필요도 없어요
장애물을 뛰어넘을 때마다 더욱 빛나게 될 거예요

사랑하는 자들아 너희를 연단하려고 오는 불 시험을 이상한 일 당하는 것 같이 이상히 여기지 말고 오히려 너희가 그리스도의 고난에 참여하는 것으로 즐거워하라 이는 그의 영광을 나타내실 때에 너희로 즐거워하고 기뻐하게 하려 함이라 • 베드로전서 4:12 – 13

Dear friends, do not be surprised at the painful trial you are suffering, as though something strange were happening to you. But rejoice that you participate in the sufferings of Christ, so that you may be overjoyed when his glory is revealed.

19
September

모든 일을 사랑으로 행할게요

너희 모든 일을 사랑으로 행하라 • 고린도전서 16:14
Do everything in love.

11
April

악인의 형통을 부러워하지 마세요
쉬워 보이고 편한 길을 따라가지 마세요
오직 십자가의 길로만 가세요

내가 사람의 방법으로 에베소에서 맹수와 더불어 싸웠다면 내게 무슨 유익이 있으리요 죽은 자가 다시 살아나지 못한다면 내일 죽을 터이니 먹고 마시자 하리라 속지 말라 악한 동무들은 선한 행실을 더럽히나니 · 고린도전서 15:32-33

If I fought wild beasts in Ephesus for merely human reasons, what have I gained? If the dead are not raised, "Let us eat and drink, for tomorrow we die." Do not be misled: "Bad company corrupts good character."

18
September

덩그러니,
또 우리 주님만 홀로 버려두고
자신만의 길을 찾고 있나요?

너는 범사에 그를 인정하라 그리하면 네 길을 지도하시리라 • 잠언 3:6
in all your ways acknowledge him, and he will make your paths straight.

12
April

하나님의 나라를 꿈꾸며
믿음으로 '씨앗'을 심으세요

또 이르시되 하나님의 나라는 사람이 씨를 땅에 뿌림과 같으니 그가 밤낮 자고 깨고 하는 중에 씨가 나서 자라되 어떻게 그리 되는지를 알지 못하느니라 • 마가복음 4:26 – 27

He also said, "This is what the kingdom of God is like. A man scatters seed on the ground. Night and day, whether he sleeps or gets up, the seed sprouts and grows, though he does not know how."

17
September

이 세상 여정에서
평안할 수 있는 비결은
모든 짐을 주님께 맡기는 거예요

날마다 우리 짐을 지시는 주 곧 우리의 구원이신 하나님을 찬송할지로다 (셀라) • 시편 68:19
Praise be to the Lord, to God our Savior, who daily bears our burdens. Selah

13
April

씨앗을 심고 물을 주었다면
주님이 자라게 하실 거예요
결과는 주님께 맡겨 드리세요

나는 심었고 아볼로는 물을 주었으되 오직 하나님께서 자라나게 하셨나니 그런즉 심는 이나 물 주는 이는 아무것도 아니로되 오직 자라게 하시는 이는 하나님뿐이니라 • 고린도전서 3:6-7
I planted the seed, Apollos watered it, but God made it grow. So neither he who plants nor he who waters is anything, but only God, who makes things grow.

16
September

작은 일 하나에도 쉽게 무너지나요?
주님만을 생각하세요.
다른 것과 비교할 수 없는 평안을 주실 거예요

육신의 생각은 사망이요 영의 생각은 생명과 평안이니라 · 로마서 8:6
The mind of sinful man is death, but the mind controlled by the Spirit is life and peace.

14
April

우리가 십자가를 떠나
어찌 살 수 있을까요?

예수께서 큰 소리로 불러 이르시되 아버지 내 영혼을 아버지 손에 부탁하나이다 하고 이 말씀을 하신 후 숨지시니라 • 누가복음 23:46
Jesus called out with a loud voice, "Father, into your hands I commit my spirit." When he had said this, he breathed his last.

15
September

이 아름다운 세상을 만드신 창조주 하나님께서
당신을 향한 계획을 가지고 계세요

너희는 천지를 지으신 여호와께 복을 받는 자로다 • 시편 115:15
May you be blessed by the LORD, the Maker of heaven and earth.

15
April

예수님은 당신의 죄 때문에
십자가에 못박히셨습니다

그가 찔림은 우리의 허물 때문이요 그가 상함은 우리의 죄악 때문이라 그가 징계를 받으므로 우리는 평화를 누리고 그가 채찍에 맞으므로 우리는 나음을 받았도다 • 이사야 53:5
But he was pierced for our transgressions, he was crushed for our iniquities; the punishment that brought us peace was upon him, and by his wounds we are healed.

14
September

십자가 그늘 아래 참 생명이 있어요
나는 예수 그리스도의 십자가만
생각할 거예요

그러나 내게는 우리 주 예수 그리스도의 십자가 외에 결코 자랑할 것이 없으니 그리스도로 말미암아
세상이 나를 대하여 십자가에 못 박히고 내가 또한 세상을 대하여 그러하니라 • 갈라디아서 6:14
May I never boast except in the cross of our Lord Jesus Christ, through which the world has been crucified to me, and I to the world.

16
April

부활하신 예수님이 당신에게
거듭난 산 소망을 주셨습니다

우리 주 예수 그리스도의 아버지 하나님을 찬송하리로다 그의 많으신 긍휼대로 예수 그리스도를 죽은 자 가운데서 부활하게 하심으로 말미암아 우리를 거듭나게 하사 산 소망이 있게 하시며 • 베드로전서 1:3
Praise be to the God and Father of our Lord Jesus Christ! In his great mercy he has given us new birth into a living hope through the resurrection of Jesus Christ from the dead

13
September

좁은 길,
그 끝에서 주님이 당신을 맞아주실 거예요

우리의 모든 환난 중에서 우리를 위로하사 우리로 하여금 하나님께 받는 위로로써 모든 환난 중에 있는 자들을 능히 위로하게 하시는 이시로다 • 고린도후서 1:4

who comforts us in all our troubles, so that we can comfort those in any trouble with the comfort we ourselves have received from God.

17
April

아직도 누가 크냐는 문제로 다투고 있나요?
일등이 되고 싶다면 먼저 섬기는 자가 되세요

누구든지 첫째가 되고자 하면 뭇 사람의 끝이 되며 뭇 사람을 섬기는 자가 되어야 하리라 • 마가복음 9:35
"If anyone wants to be first, he must be the very last, and the servant of all."

12
September

오늘따라 좁은 길을 걷는 것이 힘들고 지치나요?

좁은 문으로 들어가라 멸망으로 인도하는 문은 크고 그 길이 넓어 그리로 들어가는 자가 많고 · 마태복음 7:13

Enter through the narrow gate. For wide is the gate and broad is the road that leads to destruction, and many enter through it.

18
April

혹 간절히 바라는 것들이
당신의 욕심은 아닌가요?
주님은 욕심을 채워주시는 분이 아니에요

내 마음을 주의 증거들에게 향하게 하시고 탐욕으로 향하지 말게 하소서 • 시편 119:36
Turn my heart toward your statutes and not toward selfish gain.

11
September

"무엇을 원하니?"

"왜 나에게 다 맡기지 않니?"

"왜 내게 구하지 않니?"

지금까지는 너희가 내 이름으로 아무것도 구하지 아니하였으나 구하라 그리하면 받으리니 너희 기쁨이 충만하리라 • 요한복음 16:23 - 24

Until now you have not asked for anything in my name. Ask and you will receive, and your joy will be complete.

19
April

주님은 당신의 필요를
이미 다 아시고
채워 주시는 아버지세요

내 눈을 돌이켜 허탄한 것을 보지 말게 하시고 주의 길에서 나를 살아나게 하소서 • 시편 119:37
Turn my eyes away from worthless things; preserve my life according to your word.

10 September

"넌 내 편이 아니니까 저리 가!"
아직도 좋아하는 사람만 좋아하고
편가르기 하나요?
우리 주님은 원수를 사랑하라고 하셨어요

너희가 너희를 사랑하는 자를 사랑하면 무슨 상이 있으리요 세리도 이같이 아니하느냐 • 마태복음 5:46
If you love those who love you, what reward will you get? Are not even the tax collectors doing that?

20 April

그 어떤 것보다 아버지께서 가르쳐 주시는 말씀에 집중하길 원해요

주의 손이 나를 만들고 세우셨사오니 내가 깨달아 주의 계명들을 배우게 하소서 • 시편 119:73
Your hands made me and formed me; give me understanding to learn your commands.

09
September

깨어 기도하세요!
당신이 시험에 들지 않기를 바래요

이르시되 어찌하여 자느냐 시험에 들지 않게 일어나 기도하라 하시니라 • 누가복음 22:46
"Why are you sleeping?" he asked them. "Get up and pray so that you will not fall into temptation."

21
April

'듣는 마음'을 구해본 적 있나요?

듣는 마음을 종에게 주사 주의 백성을 재판하여 선악을 분별하게 하옵소서 · 열왕기상 3:9
So give your servant a discerning heart to govern your people and to distinguish between right and wrong. For who is able to govern this great people of yours?

08
September

노하기를 더디 하는 것이 사람의 슬기요 허물을 용서하는 것이 자기의 영광이니라 • 잠언 19:11
A man's wisdom gives him patience; it is to his glory to overlook an offense.

22
April

당신은 왜 주님이 함께 계셔도
행복하지 않나요?

바위 틈 낭떠러지 은밀한 곳에 있는 나의 비둘기야 내가 네 얼굴을 보게 하라 네 소리를 듣게 하라 네
소리는 부드럽고 네 얼굴은 아름답구나 • 아가 2:14
My dove in the clefts of the rock, in the hiding places on the mountainside, show me your face, let me hear your
voice; for your voice is sweet, and your face is lovely.

07
September

"호흡이 있는 자마다 여호와를 찬양할지어다!"

내가 여호와를 항상 송축함이여 내 입술로 항상 주를 찬양하리이다 · 시편 34:1
I will extol the LORD at all times; his praise will always be on my lips.

23
April

나와 함께하시는 주님,
내 모든 근심을
큰 기쁨으로
변화시켜주세요

이르되 당신의 여종이 당신께 은혜 입기를 원하나이다 하고 가서 먹고 얼굴에 다시는 근심 빛이 없더라
• 사무엘상 1:18

She said, "May your servant find favor in your eyes." Then she went her way and ate something, and her face was no longer downcast.

06
September

모든 것을 알려 주시고
가르쳐 주시는
성령님의 인도하심을 따를래요

보혜사 곧 아버지께서 내 이름으로 보내실 성령 그가 너희에게 모든 것을 가르치고 내가 너희에게 말한 모든 것을 생각나게 하리라 • 요한복음 14:26

But the Counselor, the Holy Spirit, whom the Father will send in my name, will teach you all things and will remind you of everything I have said to you.

사소한 것 하나까지 다 주님께 말씀드려요
작은 것 하나까지 다 주님과 나누어요

나의 반석이시요 나의 구속자이신 여호와여 내 입의 말과 마음의 묵상이 주님 앞에 열납되기를 원하나이다 • 시편 19:14

May the words of my mouth and the meditation of my heart be pleasing in your sight, O LORD, my Rock and my Redeemer.

25
April

우리 주님은
어찌 이리 나를 사랑해 주실까요?
이렇게까지 나를 감격하게 하실까요?

여호와여 사람이 무엇이기에 주께서 그를 알아 주시며 인생이 무엇이기에 그를 생각하시나이까 • 시편 144:3
O LORD, what is man that you care for him, the son of man that you think of him?

04
September

"주님! 내가 여기 있어요!"

주님이 부르실 때
변명하지 않고
숨지 않게 해주세요

내가 또 주의 목소리를 들으니 주께서 이르시되 내가 누구를 보내며 누가 우리를 위하여 갈꼬 하시니 그 때에 내가 이르되 내가 여기 있나이다 나를 보내소서 하였더니 • 이사야 6:8

Then I heard the voice of the Lord saying, "Whom shall I send? And who will go for us?" And I said, "Here am I. Send me!"

26
April

주님과 함께할 때만 누릴 수 있는
참 평안이 내게 있어요

내가 평안히 눕고 자기도 하리니 나를 안전히 살게 하시는 이는 오직 여호와이시니이다 • 시편 4:8
I will lie down and sleep in peace, for you alone, O LORD, make me dwell in safety.

03
September

"네가 지금 어디에 있느냐?"

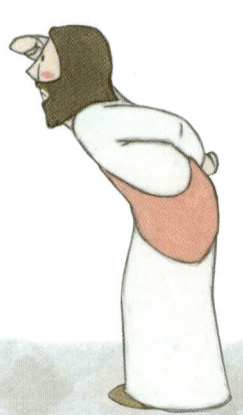

여호와 하나님이 아담을 부르시며 그에게 이르시되 네가 어디 있느냐 • 창세기 3:9
But the LORD God called to the man, "Where are you?"

27
April

우리의 대장은 '예수 그리스도'입니다

여호와께서 나의 의지가 되셨도다 나를 또 넓은 곳으로 인도하시고 나를 기뻐하시므로 구원하셨도다
사무엘하 22:19 – 20
but the LORD was my support. He brought me out into a spacious place; he rescued me because he delighted in me.

02
September

주님, 모든 무거운 죄로부터
저를 해방시켜 주세요

그러나 이제는 너희가 죄로부터 해방되고 하나님께 종이 되어 거룩함에 이르는 열매를 맺었으니 그 마지막은 영생이라 · 로마서 6:22

But now that you have been set free from sin and have become slaves to God, the benefit you reap leads to holiness, and the result is eternal life.

28
April

제 사과를 받아주세요

네 형제에게 원망들을 만한 일이 있는 것이 생각나거든 예물을 제단 앞에 두고 먼저 가서 형제와 화목하고 그 후에 와서 예물을 드리라 • 마태복음 5:23-24

remember that your brother has something against you, leave your gift there in front of the altar. First go and be reconciled to your brother; then come and offer your gift.

01
September

나의 죄로 인해
마음 아파본 적 있나요?

내 죄악이 내 머리에 넘쳐서 무거운 짐 같으니 내가 감당할 수 없나이다 • 시편 38:4
Where were you when I laid the earth's foundation? Tell me, if you understand.

29
April

**독수리처럼
힘차게 날아오를래요**

좋은 것으로 네 소원을 만족하게 하사 네 청춘을 독수리 같이 새롭게 하시는도다 • 시편 103:5
who satisfies your desires with good things so that your youth is renewed like the eagle's.

9

September

1 2 3 4 5 6 7 8 9 10 11 12 13 14 15 16 17 18 19 20 21 22 23 24 25 26 27 28 29 30

30
April

처음 사랑 그대로 사랑하고 있나요?

나는 내 사랑하는 자에게 속하였고 내 사랑하는 자는 내게 속하였으며 그가 백합화 가운데에서 그 양 떼를 먹이는도다 • 아가 6:3
I am my lover's and my lover is mine; he browses among the lilies.

31
August

가장 확실히 건너는 방법
가장 안전하게 건너는 방법
이렇게 하니까
참 쉽죠?

여호와의 눈은 온 땅을 두루 감찰하사 전심으로 자기에게 향하는 자들을 위하여 능력을 베푸시나니 • 역대하 16:9

For the eyes of the LORD range throughout the earth to strengthen those whose hearts are fully committed to him.

30
August

"오늘은 어떤 이야기를 들려주실 거예요?"
주님이 들려주시는 이야기가 제일 재밌어요

주의 종에게 하신 말씀을 기억하소서 주께서 내게 소망을 가지게 하셨나이다 • 시편 119:49
Remember your word to your servant, for you have given me hope.

01
May

당신은 주님과 함께
어떤 좋은 소식을 기다리고 있나요?

먼 땅에서 오는 좋은 기별은 목마른 사람에게 냉수와 같으니라 • 잠언 25:25
Like cold water to a weary soul is good news from a distant land.

하나님이여 사슴이 시냇물을 찾기에 갈급함 같이 내 영혼이 주를 찾기에 갈급하니이다 • 시편 42:1
As the deer pants for streams of water, so my soul pants for you, O God.

02
May

우리 각자를 위한 자리가 다 있어요
욕심 때문에 당신을 위한 그 자리를
놓치지 마세요

욕심이 많은 자는 다툼을 일으키나 여호와를 의지하는 자는 풍족하게 되느니라 • 잠언 28:25
A greedy man stirs up dissension, but he who trusts in the LORD will prosper.

28
August

하나님의 관점으로 멀리 바라보세요
그 영원하신 관점으로…

여호와의 계획은 영원히 서고 그의 생각은 대대에 이르리로다 • 시편 33:11
But the plans of the LORD stand firm forever, the purposes of his heart through all generations.

03
May

주님께서 원하시는 건
어렵고 힘든 일이 아니에요
그저 나의 마음 드리고 또 드리면 되어요

하나님을 사랑하는 것은 이것이니 우리가 그의 계명들을 지키는 것이라 그의 계명들은 무거운 것이 아니로다 • 요한일서 5:2

This is how we know that we love the children of God: by loving God and carrying out his commands.

27
August

들풀도 돌보시는 주님께서
당신은 얼마나 잘 돌봐 주실까요?

오늘 있다가 내일 아궁이에 던져지는 들풀도 하나님이 돌보시거늘 하물며 너희일까보냐 믿음이 작은 자들아 • 마태복음 6:30
If that is how God clothes the grass of the field, which is here today and tomorrow is thrown into the fire, will he not much more clothe you, O you of little faith?

04
May

늘 새로운 마음으로 고백할래요
부지런히 주님만 바라볼래요
예수님만 믿고 의지하고 싶어요

또한 그로 말미암아 우리가 믿음으로 서 있는 이 은혜에 들어감을 얻었으며 하나님의 영광을 바라고 즐거워하느니라 • 로마서 5:2

through whom we have gained access by faith into this grace in which we now stand. And we rejoice in the hope of the glory of God.

26
August

주님은 당신의 모든 것을 받아주시는
유일한 분이세요

나의 영혼아 잠잠히 하나님만 바라라 무릇 나의 소망이 그로부터 나오는도다 • 시편 62:6
He alone is my rock and my salvation; he is my fortress, I will not be shaken.

05
May

주님 앞에서 당신은 언제나 어린아이인가요?

예수께서 그 어린아이들을 불러 가까이 하시고 이르시되 어린아이들이 내게 오는 것을 용납하고 금하지 말라 하나님의 나라가 이런 자의 것이니라 • 누가복음 18:16

But Jesus called the children to him and said, Let the little children come to me, and do not hinder them, for the kingdom of God belongs to such as these.

25
August

무서워 말아요
다치지 않도록 주님께서
잡아주실 거예요

너희는 마음에 근심하지 말라 하나님을 믿으니 또 나를 믿으라 • 요한복음 14:1
Do not let your hearts be troubled. Trust in God; trust also in me.

06
May

칭얼거릴 때 달래주시는 분
깨어 울 때 안아 주시는 분
주는 나의 아버지!

여인이 어찌 그 젖 먹는 자식을 잊겠으며 자기 태에서 난 아들을 긍휼히 여기지 않겠느냐 그들은 혹시 잊을지라도 나는 너를 잊지 아니할 것이라 • 이사야 49:15
Can a mother forget the baby at her breast and have no compassion on the child she has borne? Though she may forget, I will not forget you!

24
August

주님의 사랑 앞에 고집을 꺾고
항상 먼저 항복하길 원해요

오라 우리가 굽혀 경배하며 우리를 지으신 여호와 앞에 무릎을 꿇자 • 시편 95:6
Come, let us bow down in worship, let us kneel before the LORD our Maker.

07
May

내 입술로 주님 주신 말씀을 노래해요
나를 위한 모든 말씀으로 인해 나는 기쁘고 기뻐요

주께서 율례를 내게 가르치시므로 내 입술이 주를 찬양하리이다 주의 모든 계명들이 의로우므로 내 혀가 주의 말씀을 노래하리이다 • 시편 119:171 – 172

May my lips overflow with praise, for you teach me your decrees. May my tongue sing of your word, for all your commands are righteous.

23
August

우리 주님은 나의 사랑에 참 약한 분이세요
늘 져주시고 늘 봐주시죠

우리가 사랑함은 그가 먼저 우리를 사랑하셨음이라 • 요한일서 4:19
We love because he first loved us.

08
May

"네 부모를 공경하라"

자녀들아 모든 일에 부모에게 순종하라 이는 주 안에서 기쁘게 하는 것이니라 • 골로새서 3:20
Children, obey your parents in everything, for this pleases the Lord.

22
August

형통함의 비밀은 말씀을 즐거워함에 있어요

그는 시냇가에 심은 나무가 철을 따라 열매를 맺으며 그 잎사귀가 마르지 아니함 같으니 그가 하는 모든 일이 다 형통하리로다 • 시편 1:3

He is like a tree planted by streams of water, which yields its fruit in season and whose leaf does not wither. Whatever he does prospers.

09
May

나를 넘어지게 하는 사탄아
예수 그리스도의 이름으로 떠나가라!

이에 예수께서 말씀하시되 사탄아 물러가라 기록되었으되 주 너의 하나님께 경배하고 다만 그를 섬기라 하였느니라 • 마태복음 4:10
Jesus said to him, "Away from me, Satan! For it is written: 'Worship the Lord your God, and serve him only.'"

21
August

저 같은 죄인에게 베풀어 주신 은혜를
소중히 간직할게요

할렐루야 여호와께 감사하라 그는 선하시며 그 인자하심이 영원함이로다 • 시편 106:1
Praise the LORD. Give thanks to the LORD, for he is good; his love endures forever.

10
May

주님이 우리 가정에 함께
해주시는 것만으로 충분해요

마른 떡 한 조각만 있고도 화목하는 것이 제육이 집에 가득하고도 다투는 것보다 나으니 • 잠언 17:1
Better a dry crust with peace and quiet than a house full of feasting, with strife.

20
August

"애걔~ 겨우 이것뿐이에요?"
당신은 아버지의 귀한 은혜를 어떻게 받아들이고 있나요?

지극히 작은 것에 충성된 자는 큰 것에도 충성되고 지극히 작은 것에 불의한 자는 큰 것에도 불의하니라
누가복음 16:10

Whoever can be trusted with very little can also be trusted with much, and whoever is dishonest with very little will also be dishonest with much.

11
May

주의 얼굴을 내게서 가리지 마시고
나를 받아주세요

주의 얼굴을 주의 종에게 비추시고 주의 사랑하심으로 나를 구원하소서 • 시편 31:16
Let your face shine on your servant; save me in your unfailing love.

19
August

안아 달라고 하면
절대 모른 척하지 않으시는 주님,
오늘도 아버지를 향해 손을 듭니다

무릇 기다리는 자에게나 구하는 영혼에게 여호와께서 선을 베푸시는도다 • 예레미야애가 3:25
The LORD is good to those whose hope is in him, to the one who seeks him.

12
May

우리가 함께 찬양할 때 임하는 은혜를 아시나요?

시와 찬송과 신령한 노래들로 서로 화답하며 너희의 마음으로 주께 노래하며 찬송하며 • 에베소서 5:19
Speak to one another with psalms, hymns and spiritual songs. Sing and make music in your heart to the Lord

18
August

다른 것은 생각할 것도 없어요
주님만 따라가면 되어요

그가 모든 것을 버리고 일어나 따르니라 • 누가복음 5:28
and Levi got up, left everything and followed him.

13
May

이해할 수 없는 어려움 가운데 있나요?
있는 모습 그대로 사랑의 주님께 나아가세요

그러므로 내 심령이 속에서 상하며 내 마음이 내 속에서 참담하니이다 • 시편 143:4
So my spirit grows faint within me; my heart within me is dismayed.

17
August

"용기 잃지 말아라!"
주님께서 함께하심을 잊지 마세요!

여호와를 바라는 너희들아 강하고 담대하라 • 시편 31:24
Be strong and take heart, all you who hope in the LORD.

14
May

당신의 소망은 상황이 아닌,
오직 주님께 있습니다

내 영혼아 네가 어찌하여 낙심하며 어찌하여 내 속에서 불안해 하는가 너는 하나님께 소망을 두라 그가 나타나 도우심으로 말미암아 내가 여전히 찬송하리로다 • 시편 42:5
Why are you downcast, O my soul? Why so disturbed within me? Put your hope in God, for I will yet praise him, my Savior

16
August

막다른 골목에 이르기 전에
주님께 기도드리세요

기도를 계속하고 기도에 감사함으로 깨어 있으라 • 골로새서 4:2
Devote yourselves to prayer, being watchful and thankful.

15
May

"활짝 웃으세요"
오늘도 주님 주신 기쁨이 가득하기를 바래요

내가 이것을 너희에게 이름은 내 기쁨이 너희 안에 있어 너희 기쁨을 충만하게 하려 함이라 • 요한복음 15:11
I have told you this so that my joy may be in you and that your joy may be complete.

15
August

제발 저를 더러운 죄에서
건져 주세요

보옵소서 내게 큰 고통을 더하신 것은 내게 평안을 주려 하심이라 주께서 내 영혼을 사랑하사 멸망의 구덩이에서 건지셨고 내 모든 죄를 주의 등 뒤에 던지셨나이다 • 이사야 38:17
Surely it was for my benefit that I suffered such anguish. In your love you kept me from the pit of destruction; you have put all my sins behind your back.

16
May

잔소리, 잔소리, 말씀 잔소리
늘 말씀으로 간섭하시는 우리 아버지!
그래도 참 좋아요
그것은 사랑이니까요

너희는 들을지어다 내가 가장 선한 것을 말하리라 내 입술을 열어 정직을 내리라 · 잠언 8:6
Listen, for I have worthy things to say; I open my lips to speak what is right.

14
August

온갖 좋은 축복은
위에 계신 아버지께서 내려주시는 거예요

온갖 좋은 은사와 온전한 선물이 다 위로부터 빛들의 아버지께로부터 내려오나니 그는 변함도 없으시고 회전하는 그림자도 없으시니라 • 야고보서 1:17

Every good and perfect gift is from above, coming down from the Father of the heavenly lights, who does not change like shifting shadows.

17
May

자신이 원하는 대로 해야만 속이 시원한가요?
그럴 때 주님의 마음은 어떠실까요?

다툼을 멀리 하는 것이 사람에게 영광이거늘 미련한 자마다 다툼을 일으키느니라 • 잠언 20:3
It is to a man`s honor to avoid strife, but every fool is quick to quarrel.

13
August

당신 스스로를 존귀하게 여기나요?

사람이 무엇이기에 주께서 그를 생각하시며 인자가 무엇이기에 주께서 그를 돌보시나이까 그를 하나님보다 조금 못하게 하시고 영화와 존귀로 관을 씌우셨나이다 • 시편 8:4-5

what is man that you are mindful of him, the son of man that you care for him? You made him a little lower than the heavenly beings and crowned him with glory and honor.

작은 것 하나도 나누고 상대방을 배려할 때
우리 주님께서 영광을 받으세요

믿는 사람이 다 함께 있어 모든 물건을 서로 통용하고 또 재산과 소유를 팔아 각 사람의 필요를 따라
나눠 주며 • 사도행전 2:44 – 45
All the believers were together and had everything in common. Selling their possessions and goods, they gave to anyone as he had need.

12
August

"참아야 하느니라"

너희의 인내로 너희 영혼을 얻으리라 • 누가복음 21:19
By standing firm you will gain life.

19
May

오늘은 주님과의 추억에 빠질래요
주께서 행하신 일이 어쩜 이리 아름다운지요

내가 옛날을 기억하고 주의 모든 행하신 것을 읊조리며 주의 손이 행하는 일을 생각하고 • 시편 143:5
I remember the days of long ago; I meditate on all your works and consider what your hands have done.

11
August

흘러 흘러 여기까지 왔어요
주님, 은혜로만 흘러가도록 인도해주세요

내 영혼을 소생시키시고 자기 이름을 위하여 의의 길로 인도하시는도다 · 시편 23:3
he restores my soul. He guides me in paths of righteousness for his name's sake.

20 / May

다른 생각할 겨를도 없이 내 발걸음이,
내 마음이 먼저 주님을 향해 달려가길 원해요

너희가 온 마음으로 나를 구하면 나를 찾을 것이요 나를 만나리라 • 예레미야 29:13
You will seek me and find me when you seek me with all your heart.

10
August

꼬물꼬물 작은 고사리 손으로 만든 것도
주님이 도와주시면 멋진 작품이 되어요

내가 주 여호와의 능하신 행적을 가지고 오겠사오며 주의 공의만 전하겠나이다 • 시편 71:16
I will come and proclaim your mighty acts, O Sovereign LORD; I will proclaim your righteousness, yours alone.

21
May

여호와를 바라는 내게 무슨 근심이 있겠어요?
여호와를 바라는 내가 무엇이 두렵겠어요?

오직 여호와를 양망하는 자는 새 힘을 얻으리니 독수리가 날개치며 올라감 같을 것이요 달음박질하여도 곤비하지 아니하겠고 걸어가도 피곤하지 아니하리로다 • 이사야 40:31

but those who hope in the LORD will renew their strength. They will soar on wings like eagles; they will run and not grow weary, they will walk and not be faint.

09
August

쉽게 내뱉는 말 한마디에서
당신의 성품을 알 수 있어요

무릇 더러운 말은 너희 입 밖에도 내지 말고 오직 덕을 세우는 데 소용되는 대로 선한 말을 하여 듣는 자들에게 은혜를 끼치게 하라 • 에베소서 4:29

Do not let any unwholesome talk come out of your mouths, but only what is helpful for building others up according to their needs, that it may benefit those who listen.

22
May

참 평안이 내 아버지께 있어요
바쁜 일 잠시 멈추고 그 평안을 가득 누리고 가세요

수고하고 무거운 짐 진 자들아 다 내게로 오라 내가 너희를 쉬게 하리라 • 마태복음 11:28
Come to me, all you who are weary and burdened, and I will give you rest.

08
August

진정한 복을 누리고 싶다면
예수님만을 구하세요

내가 여호와께 아뢰되 주는 나의 주님이시오니 주밖에는 나의 복이 없다 하였나이다 • 시편 16:2
I said to the LORD, You are my Lord; apart from you I have no good thing.

23
May

깊은 슬픔 가운데 있나요?
당신이 하늘 위로 받기를 원해요

애통하는 자는 복이 있나니 그들이 위로를 받을 것임이요 · 마태복음 5:4
Blessed are those who mourn, for they will be comforted.

07
August

주님을 따르다 보면 명확해져요
가면 갈수록
내 힘이 아니라는 것을!

너는 알지 못하였느냐 듣지 못하였느냐 영원하신 하나님 여호와, 땅 끝까지 창조하신 이는 피곤하지 않으시며 곤비하지 않으시며 명철이 한이 없으시며 • 이사야 40:28

Do you not know? Have you not heard? The LORD is the everlasting God, the Creator of the ends of the earth. He will not grow tired or weary, and his understanding no one can fathom.

24
May

"너는 나의 친구야
내 목숨이 아깝지 않을 만큼
아주 소중한 친구란다"

사람이 친구를 위하여 자기 목숨을 버리면 이보다 더 큰 사랑이 없나니 • 요한복음 15:13
Greater love has no one than this, that he lay down his life for his friends.

06
August

당신은 예수님과 복음을 위하여 생명을 다해 주님을 따르고 있나요?

누구든지 자기 목숨을 구원하고자 하면 잃을 것이요 누구든지 나와 복음을 위하여 자기 목숨을 잃으면 구원하리라 · 마가복음 8:35
For whoever wants to save his life will lose it, but whoever loses his life for me and for the gospel will save it.

25
May

"내가 너의 친구가 되어줄게
주님이 나를 사랑하시듯
너를 사랑할게"

내가 이것을 너희에게 명함은 너희로 서로 사랑하게 하려 함이라 • 요한복음 15:17
This is my command: Love each other.

05
August

예수님을 따른다는 것은
자기 십자가를 지는 거예요

무리와 제자들을 불러 이르시되 누구든지 나를 따라오려거든 자기를 부인하고 자기 십자가를 지고 나를 따를 것이니라 · 마가복음 8:34

Then he called the crowd to him along with his disciples and said: If anyone would come after me, he must deny himself and take up his cross and follow me.

26
May

걱정되는 일이 있나요?
불안 가운데 있나요?
나라면 그냥 주님께 도와 달라고 할 거예요

내가 산을 향하여 눈을 들리라 나의 도움이 어디서 올까 나의 도움은 천지를 지으신 여호와에게서로다 •
시편 121:1 – 2
I lift up my eyes to the hills-- where does my help come from? My help comes from the LORD, the Maker of heaven and earth.

04
August

나의 마음이 늘 주님을 생각하고
주의 말씀만 바라기를 원해요

나 곧 내 영혼은 여호와를 기다리며 나는 주의 말씀을 바라는도다 • 시편 130:5
I wait for the LORD, my soul waits, and in his word I put my hope.

27
May

아직도 모르세요?
어둠을 밝히는 등불이신
우리 예수님을 소개합니다

여호와여 주는 나의 등불이시니 여호와께서 나의 어둠을 밝히시리이다 • 사무엘하 22:29
You are my lamp, O LORD; the LORD turns my darkness into light.

03
August

마음 가득, 시원한 은혜로
채워 주세요

주 예수 그리스도의 은혜가 너희 심령에 있을지어다 · 빌립보서 4:23
The grace of the Lord Jesus Christ be with your spirit.

28
May

내 눈이 하나님을 향하여 눈물을 흘립니다
나의 눈물을 주의 병에 담으소서

나의 유리함을 주께서 계수하셨사오니 나의 눈물을 주의 병에 담으소서 이것이 주의 책에 기록되지 아니하였나이까 • 시편 56:8

Record my lament; list my tears on your scroll -- are they not in your record?

02
August

하나님의 시간 속에서의 기다림은
당신을 온전하게 합니다

인내를 온전히 이루라 이는 너희로 온전하고 구비하여 조금도 부족함이 없게 하려 함이라 • 야고보서 1:4
Perseverance must finish its work so that you may be mature and complete, not lacking anything.

29
May

마음이 높으면 앞을 잘 볼 수 없어
넘어지기 쉬워요
무엇보다 주님을 잘 볼 수 없어요

서로 마음을 같이하며 높은 데 마음을 두지 말고 도리어 낮은 데 처하며 스스로 지혜 있는 체 하지 말라 • 로마서 12:16

Live in harmony with one another. Do not be proud, but be willing to associate with people of low position. Do not be conceited.

01
August

째깍째깍…
우리 하나님의 시간이 느린 걸까요?
당신이 잘 기다리지 못하는 걸까요?

여호와여 나는 주의 구원을 기다리나이다 • 창세기 49:18
I look for your deliverance, O LORD.

30
May

낮은 마음으로 나아가세요
겸손한 마음으로 걷는 발걸음은 아주 가벼울 거예요

겸손한 자는 먹고 배부를 것이며 여호와를 찾는 자는 그를 찬송할 것이라 너희 마음은 영원히 살지어다
시편 22:26
The poor will eat and be satisfied; they who seek the LORD will praise him— may your hearts live forever!

31
May

근데요 주님,
제 열매는 언제 주실 거예요?
언제까지 기다려야 되나요?
얼마나 더 참고 기도해야 되나요?

너희에게 인내가 필요함은 너희가 하나님의 뜻을 행한 후에 약속하신 것을 받기 위함이라 • 히브리서 10:36
You need to persevere so that when you have done the will of God, you will receive what he has promised.

31
July

사랑하는 자야,
내가 너에게 얼마나 좋은 것을
주고 싶어 하는지 알고 있니?

네게 무엇을 하여 주기를 원하느냐 이르되 주여 보기를 원하나이다 예수께서 그에게 이르시되 보라 네 믿음이 너를 구원하였느니라 하시매 • 누가복음 18:41 – 42

"What do you want me to do for you?" "Lord, I want to see," he replied. Jesus said to him, "Receive your sight; your faith has healed you."

30
July

오늘도 총총걸음으로 전해주시는
아버지의 사랑에 힘을 냅니다

사랑은 여기 있으니 우리가 하나님을 사랑한 것이 아니요 하나님이 우리를 사랑하사 우리 죄를 속하기 위하여 화목 제물로 그 아들을 보내셨음이라 • 요한일서 4:10
This is love: not that we loved God, but that he loved us and sent his Son as an atoning sacrifice for our sins.

01
June

주님의 사랑에 '퐁당' 빠져 보아요

제자들은 기쁨과 성령이 충만하니라 · 사도행전 13:52
And the disciples were filled with joy and with the Holy Spirit.

29
July

주님과 함께하면
언제나 안전제일 무사고!

오직 내 말을 듣는 자는 평안히 살며 재앙의 두려움이 없이 안전하리라 • 잠언 1:33
but whoever listens to me will live in safety and be at ease, without fear of harm.

02
June

지혜로워지길 원하면서
왜 성경은 읽지 않나요?

주의 말씀을 열면 빛이 비치어 우둔한 사람들을 깨닫게 하나이다 • 시편 119:130
The unfolding of your words gives light; it gives understanding to the simple.

28
July

험난한 길을 달려도 푹 잘 수 있는 비결, 다 주님 때문이에요

내가 너를 먼 곳에서 구원하며 네 자손을 포로된 땅에서 구원하리니 야곱이 돌아와서 평안하며 걱정 없이 살게 될 것이라 그를 두렵게 할 자 없으리라 • 예레미야 46:27

I will surely save you out of a distant place, your descendants from the land of their exile. Jacob will again have peace and security, and no one will make him afraid.

03
June

늘 악한 마귀를 경계해야 해요
함정에 빠지지 않게 주님, 도와주세요

마귀의 간계를 능히 대적하기 위하여 하나님의 전신 갑주를 입으라 • 에베소서 6:11
Put on the full armor of God so that you can take your stand against the devil's schemes.

27
July

자녀들아 너희 자신을 지켜 우상에게서 멀리하라 • 요한일서 5:21
Dear children, keep yourselves from idols.

04
June

모든 문제 앞에
나의 부족함은 무엇일까요?

기도 요망

쉬지 말고 기도하라 • 데살로니가전서 5:17
pray continually

26
July

욕심의 결국은 사망입니다

욕심이 잉태한즉 죄를 낳고 죄가 장성한즉 사망을 낳느니라 • 야고보서 1:15
Then, after desire has conceived, it gives birth to sin; and sin, when it is full-grown, gives birth to death.

05
June

부끄러움 없이 전할래요 주님께 받은 사랑을!

이는 너희가 나를 사랑하고 또 내가 하나님께로부터 온 줄 믿었으므로 아버지께서 친히 너희를 사랑하심이라 • 요한복음 16:27
No, the Father himself loves you because you have loved me and have believed that I came from God.

25
July

당신을 향한
크고 놀라운 계획이
우리 아버지께 있어요

모든 일을 그의 뜻의 결정대로 일하시는 이의 계획을 따라 우리가 예정을 입어 그 안에서 기업이 되었으니 이는 우리가 그리스도 안에서 전부터 바라던 그의 영광의 찬송이 되게 하려 하심이라 • 에베소서 1:11 - 12
In him we were also chosen, having been predestined according to the plan of him who works out everything in conformity with the purpose of his will, in order that we, who were the first to hope in Christ, might be for the praise of his glory.

06
June

내 마음이 괴로워 주님을 생각합니다
"주님은 다 알고 계시죠?
내 마음의 슬픔을 주님만은 알고 계시죠?"

내 영혼이 내 속에서 피곤할 때에 내가 여호와를 생각하였더니 내 기도가 주께 이르렀사오며 주의 성전에 미쳤나이다 • 요나 2:7
When my life was ebbing away, I remembered you, LORD, and my prayer rose to you, to your holy temple.

24
July

예수님의 사랑에는
차별도, 거짓도 없어요

사랑에는 거짓이 없나니 악을 미워하고 선에 속하라 • 로마서 12:9
Love must be sincere. Hate what is evil; cling to what is good.

07
June

너무 애쓰지 마세요
힘을 빼고 그냥 주님께 기대세요
그러면 염려는 사라지고
참 평안이 넘칠 거예요

너희 염려를 다 주께 맡기라 이는 그가 너희를 돌보심이라 • 베드로전서 5:7
Cast all your anxiety on him because he cares for you.

23
July

항상 감사하는 마음으로
먹고 나누게 해주세요

우리에게 날마다 일용할 양식을 주시옵고 • 누가복음 11:3
Give us each day our daily bread.

08
June

살아 계신 주님을 느끼지 못할 만큼
마음이 무뎌져 있지는 않나요?

너희는 스스로 조심하라 그렇지 않으면 방탕함과 술취함과 생활의 염려로 마음이 둔하여지고 뜻밖에
그 날이 덫과 같이 너희에게 임하리라 • 누가복음 21:34
Be careful, or your hearts will be weighed down with dissipation, drunkenness and the anxieties of life, and that day will close on you unexpectedly like a trap.

22
July

'쉼'도 하나님의 선물로 누리고 있나요?
일만큼 쉼도 매우 중요해요

사람마다 먹고 마시는 것과 수고함으로 낙을 누리는 그것이 하나님의 선물인 줄도 또한 알았도다 · 전도서 3:13

That everyone may eat and drink, and find satisfaction in all his toil--this is the gift of God.

09
June

"정신줄 잡아라!"
주님께서 함께하시는
순간순간을 잊지 마세요

아직도 알지 못하며 깨닫지 못하느냐 너희 마음이 둔하냐 너희가 눈이 있어도 보지 못하며 귀가 있어도 듣지 못하느냐 또 기억하지 못하느냐 ▸ 마가복음 8:17-18
Do you still not see or understand? Are your hearts hardened? Do you have eyes but fail to see, and ears but fail to hear? And don't you remember?

21
July

받은 축복, 숨기거나 아끼지 마세요

네 손이 선을 베풀 힘이 있거든 마땅히 받을 자에게 베풀기를 아끼지 말며 • 잠언 3:27
Do not withhold good from those who deserve it, when it is in your power to act.

10
June

해마다 때마다 시마다
주님과 함께라서 기뻐요

주께서 생명의 길을 내게 보이시리니 주의 앞에는 충만한 기쁨이 있고 주의 오른쪽에는 영원한 즐거움이 있나이다 • 시편 16:11
You have made known to me the path of life; you will fill me with joy in your presence, with eternal pleasures at your right hand.

20 July

당신은 축복받은 사람입니다
받은 축복을 세어 보세요

하나님이 능히 모든 은혜를 너희에게 넘치게 하시나니 이는 너희로 모든 일에 항상 모든 것이 넉넉하여 모든 착한 일을 넘치게 하게 하려 하심이라 • 고린도후서 9:8
And God is able to make all grace abound to you, so that in all things at all times, having all that you need, you will abound in every good work.

11
June

당황하지 마세요!
겁내지도 마세요!

곧 지나갈 거예요

그러므로 너희가 이제 여러 가지 시험으로 말미암아 잠깐 근심하게 되지 않을 수 없으나 오히려 크게 기뻐하는도다 • 베드로전서 1:6

In this you greatly rejoice, though now for a little while you may have had to suffer grief in all kinds of trials.

19
July

주님, 제가 어느 곳에 가든지 제 보호자가 되어주세요

내가 여호와께 바라는 한 가지 일 그것을 구하리니 곧 내가 내 평생에 여호와의 집에 살면서 여호와의 아름다움을 바라보며 그의 성전에서 사모하는 그것이라 • 시편 27:4

One thing I ask of the LORD, this is what I seek: that I may dwell in the house of the LORD all the days of my life, to gaze upon the beauty of the LORD and to seek him in his temple.

12
June

상처로 인해 아픈가요?
그런데 왜 상처를 꼬옥 안고만 있나요?

내 상처가 썩어 악취가 나오니 내가 우매한 까닭이로소이다 내가 아프고 심히 구부러졌으며 종일토록 슬픔 중에 다니나이다 • 시편 38:5 – 6
My wounds fester and are loathsome because of my sinful folly. I am bowed down and brought very low; all day long I go about mourning.

18 July

강하고 담대하라 두려워하지 말라

너희는 강하고 담대하라 두려워하지 말라 그들 앞에서 떨지 말라 이는 네 하나님 여호와 그가 너와 함께 가시며 결코 너를 떠나지 아니하시며 버리지 아니하실 것임이라 • 신명기 31:6

Be strong and courageous. Do not be afraid or terrified because of them, for the LORD your God goes with you; he will never leave you nor forsake you.

13
June

마음의 상처는
우리 아버지의 사랑 외에는
어떤 것으로도
치유받을 수 없어요

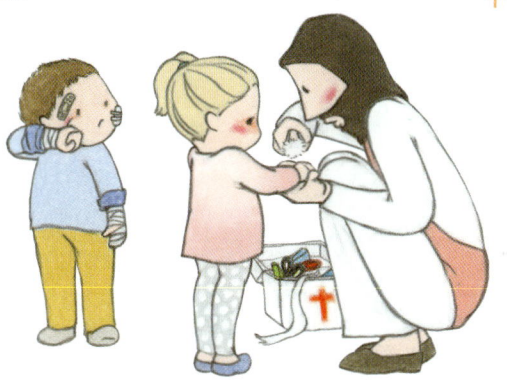

여호와의 말씀이니라 그들이 쫓겨난 자라 하매 시온을 찾는 자가 없은즉 내가 너의 상처로부터 새 살이 돋아나게 하여 너를 고쳐 주리라 • 예레미야 30:17
But I will restore you to health and heal your wounds, declares the LORD, 'because you are called an outcast, Zion for whom no one cares.'

17
July

혼자 있을 때도
당신은 거룩한가요?

여호와의 눈은 어디서든지 악인과 선인을 감찰하시느니라 • 잠언 15:3
The eyes of the LORD are everywhere, keeping watch on the wicked and the good.

14
June

우리 가운데 계시는 하나님은 위대하시도다!

시온의 주민아 소리 높여 부르라 이스라엘의 거룩하신 이가 너희 중에서 크심이니라 할 것이니라
사도행전 12:6
Shout aloud and sing for joy, people of Zion, for great is the Holy One of Israel among you.

16
July

당신의 기도목록 중에
"은혜 구하기"는 몇 번째인가요?

우쥬라이크 썸은혜?

많은 백성과 강대한 나라들이 예루살렘으로 와서 만군의 여호와를 찾고 여호와께 은혜를 구하리라 · 스가랴 8:22

And many peoples and powerful nations will come to Jerusalem to seek the LORD Almighty and to entreat him.

15
June

"짜잔~!"
영원한 생명을 주는
깜짝 선물이 도착했어요

너희는 그 은혜에 의하여 믿음으로 말미암아 구원을 받았으니 이것은 너희에게서 난 것이 아니요 하나님의 선물이라 • 에베소서 2:8
For it is by grace you have been saved, through faith--and this not from yourselves, it is the gift of God

15 July

당신에게서 그리스도의 향기가 나나요?

우리는 구원 받는 자들에게나 망하는 자들에게나 하나님 앞에서 그리스도의 향기니 • 고린도후서 2:15
For we are to God the aroma of Christ among those who are being saved and those who are perishing.

16
June

나를 사랑하시는 주님의 모습을 닮아
나도 다른 사람을 사랑으로 돌보기를 원해요

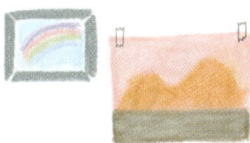

각각 자기 일을 돌볼뿐더러 또한 각각 다른 사람들의 일을 돌보아 나의 기쁨을 충만하게 하라 • 빌립보서 2:4
Each of you should look not only to your own interests, but also to the interests of others.

14
July

세상의 그 어떤 노래도
주를 향한 찬양보다 아름답지 않아요

내가 주를 찬양할 때에 나의 입술이 기뻐 외치며 주께서 속량하신 내 영혼이 즐거워하리이다 • 시편 71:23
My lips will shout for joy when I sing praise to you-- I, whom you have redeemed.

17
June

불난 집에 부채질,
마귀의 교묘한 작전에 넘어가면 안 돼요!

근신하라 깨어라 너희 대적 마귀가 우는 사자 같이 두루 다니며 삼킬 자를 찾나니 • 베드로전서 5:8
Be self-controlled and alert. Your enemy the devil prowls around like a roaring lion looking for someone to devour.

13
July

주님께서 당신의 작은 용기 위에
크신 능력을 덮어 주실 거예요

내가 복음을 부끄러워하지 아니하노니 이 복음은 모든 믿는 자에게 구원을 주시는 하나님의 능력이 됨이라 •
로마서 1:16
I am not ashamed of the gospel, because it is the power of God for the salvation of everyone who believes:

18
June

내 하나님은
못 하시는 일이 전혀 없어요
정말? 정말!

부와 귀가 주께로 말미암고 또 주는 만물의 주재가 되사 손에 권세와 능력이 있사오니 모든 사람을 크게 하심과 강하게 하심이 주의 손에 있나이다 • 역대상 29:12
Wealth and honor come from you; you are the ruler of all things. In your hands are strength and power to exalt and give strength to all.

12
July

부끄러워 말고
두려워 말고
당당히 말하세요
"나는 그리스도인입니다!"

그러므로 너는 내가 우리 주를 증언함과 또는 주를 위하여 갇힌 자 된 나를 부끄러워하지 말고 오직 하나님의 능력을 따라 복음과 함께 고난을 받으라 • 디모데후서 1:8

So do not be ashamed to testify about our Lord, or ashamed of me his prisoner. But join with me in suffering for the gospel, by the power of God.

19
June

입을 크~게 벌리세요!
아버지께서 주시는 선하고
아름다운 것들을 믿음으로
크~게 구하세요

나는 너를 애굽 땅에서 인도하여 낸 여호와 네 하나님이니 네 입을 크게 열라 내가 채우리라 • 시편 81:10
I am the LORD your God, who brought you up out of Egypt. Open wide your mouth and I will fill it.

11
July

엉뚱한 것을 바라보고 있지는 않은가요?
좁은 시야에 갇혀 있지는 않은가요?

여호와께서는 사람의 생각이 허무함을 아시느니라 • 시편 94:11
The LORD knows the thoughts of man; he knows that they are futile.

조심해요! 내 입의 말대로 되는 거예요

네 입의 말로 네가 얽혔으며 네 입의 말로 인하여 잡히게 되었느니라 • 잠언 6:2
if you have been trapped by what you said, ensnared by the words of your mouth

10
___
July

당신은 천국을 발견하셨나요?

천국은 마치 밭에 감추인 보화와 같으니 사람이 이를 발견한 후 숨겨 두고 기뻐하며 돌아가서 자기의 소유를 다 팔아 그 밭을 사느니라 • 마태복음 13:44

The kingdom of heaven is like treasure hidden in a field. When a man found it, he hid it again, and then in his joy went and sold all he had and bought that field.

21
June

아버지는 당신을 가장 안전한 곳에 두고 지켜주세요
주님과 함께 있는 바로 이곳에서요

내 백성이 화평한 집과 안전한 거처와 조용히 쉬는 곳에 있으려니와 · 이사야 32:18
My people will live in peaceful dwelling places, in secure homes, in undisturbed places of rest.

09
July

작은 생각 하나까지도
주님 것으로 주세요

너희 중에 누구든지 지혜가 부족하거든 모든 사람에게 후히 주시고 꾸짖지 아니하시는 하나님께 구하라 그리하면 주시리라 • 야고보서 1:5

If any of you lacks wisdom, he should ask God, who gives generously to all without finding fault, and it will be given to him.

22
June

당신은 진정 주님 앞에 엎드렸나요?

욥이 일어나 겉옷을 찢고 머리털을 밀고 땅에 엎드려 예배하며 이르되 … 주신 이도 여호와시요 거두신 이도 여호와시오니 여호와의 이름이 찬송을 받으실지니이다 하고 • 욥기 1:20 – 21
At this, Job got up and tore his robe and shaved his head. Then he fell to the ground in worship and said: "…The LORD gave and the LORD has taken away; may the name of the LORD be praised."

08
July

주의 말씀을 묵상하는 사람은
시냇가에 심은 나무처럼 자라나요

그는 시냇가에 심은 나무가 철을 따라 열매를 맺으며 그 잎사귀가 마르지 아니함 같으니 그가 하는 모든 일이 다 형통하리로다 • 시편 1:3
He is like a tree planted by streams of water, which yields its fruit in season and whose leaf does not wither. Whatever he does prospers.

23
─────
June

여호와의 빛 가운데로 걸어갈 준비되셨나요?

오라 우리가 여호와의 빛에 행하자 • 이사야 2:5
Come, O house of Jacob, let us walk in the light of the LORD.

07
July

주님이 주신, 가장 확실한 약속
그 약속을 믿기에 얼마나 행복한지 몰라요

하나님의 약속은 얼마든지 그리스도 안에서 예가 되니 그런즉 그로 말미암아 우리가 아멘 하여 하나님께 영광을 돌리게 되느니라 • 고린도후서 1:20

For no matter how many promises God has made, they are "Yes" in Christ. And so through him the "Amen" is spoken by us to the glory of God.

24 June

거짓말하면 안 돼요 안 돼!
주 앞에 나아가 진실한 마음을 구하세요

무엇이든지 속된 것이나 가증한 일 또는 거짓말하는 자는 결코 그리로 들어가지 못하되 오직 어린 양의 생명책에 기록된 자들만 들어가리라 • 요한계시록 21:27
Nothing impure will ever enter it, nor will anyone who does what is shameful or deceitful, but only those whose names are written in the Lamb's book of life.

06
July

가장 안전한 곳을 찾았나요?
나의 피난처 예수님!

네가 말하기를 여호와는 나의 피난처시라 하고 지존자로 거처를 삼았으므로 화가 네게 미치지 못하며 재앙이 네 장막에 가까이 오지 못하리니 · 시편 91:9-10

If you make the Most High your dwelling-- even the LORD, who is my refuge–then no harm will befall you, no disaster will come near your tent.

25
June

그리스도 예수의 마음,
당신 안에 품어야 할
단 한 가지 마음이에요

너희 안에 이 마음을 품으라 곧 그리스도 예수의 마음이니 • 빌립보서 2:5
Your attitude should be the same as that of Christ Jesus.

05
July

우리는 언제쯤 주님 앞에서
철없는 모습을 버릴 수 있을까요?

내가 어렸을 때에는 말하는 것이 어린아이와 같고 깨닫는 것이 어린아이와 같고 생각하는 것이 어린아이와 같다가 장성한 사람이 되어서는 어린아이의 일을 버렸노라 • 고린도전서 13:11

When I was a child, I talked like a child, I thought like a child, I reasoned like a child. When I became a man, I put childish ways behind me.

26
June

굽은 마음은 결국 당신 스스로를
가장 아프게 할 거예요

마음이 굽은 자는 복을 얻지 못하고 혀가 패역한 자는 재앙에 빠지느니라 • 잠언 17:20
A man of perverse heart does not prosper; he whose tongue is deceitful falls into trouble.

04
July

때를 따라 도우셨던 은혜를
여전히 기억하고 있나요?

그러므로 우리가 긍휼하심을 받고 때를 따라 돕는 은혜를 얻기 위하여 은혜의 보좌 앞에 담대히 나아갈 것이니라 • 히브리서 4:16
Let us then approach the throne of grace with confidence, so that we may receive mercy and find grace to help us in our time of need.

27
June

당신 인생의 모든 일정을
계획해놓으신
최고의 가이드 예수님과
멋진 여행을 즐기세요

내가 사자를 네 앞서 보내어 길에서 너를 보호하여 너를 내가 예비한 곳에 이르게 하리니 · 출애굽기 23:20
See, I am sending an angel ahead of you to guard you along the way and to bring you to the place I have prepared.

03
July

오늘도 어김없이 아버지의 말씀을 들을 거예요
자, 제일 먼저 성경책을 펼치셨나요?

너희 자녀들아 와서 내 말을 들으라 내가 여호와를 경외하는 법을 너희에게 가르치리로다 · 시편 34:11
Come, my children, listen to me; I will teach you the fear of the LORD.

28
June

"오늘 또 더러워졌어요!"
죄, 그대로 두지 말고 어서 주님께로 가세요

악인은 그의 길을, 불의한 자는 그의 생각을 버리고 여호와께로 돌아오라 그리하면 그가 긍휼히 여기시리라 우리 하나님께로 돌아오라 그가 너그럽게 용서하시리라 • 이사야 55:7
Let the wicked forsake his way and the evil man his thoughts. Let him turn to the LORD, and he will have mercy on him, and to our God, for he will freely pardon.

02
July

아버지, 제게 허락해주신 모든 것에
감사드리며 참 만족을 누리길 원해요

하늘의 하나님께 감사하라 그 인자하심이 영원함이로다 • 시편 136:26
Give thanks to the God of heaven. His love endures forever.

29
June

이리 가도 저리 가도
늘 당신의 옆자리를 지켜주시는 분이 계세요

하나님의 사랑하심을 받은 형제들아 너희를 택하심을 아노라 • 데살로니가전서 1:4
For we know, brothers loved by God, that he has chosen you

01
July

아버지께서 당신에게 주신 것은
정말 아무것도 아닌가요?

그러나 자족하는 마음이 있으면 경건은 큰 이익이 되느니라 • 디모데전서 6:6
But godliness with contentment is great gain.

30
June

행복한 결말을 바라고 있나요?
기대만 하는 걸로 끝내지 말고
확실한 믿음으로 기도드리세요

믿음이 없어 하나님의 약속을 의심하지 않고 믿음으로 견고하여져서 하나님께 영광을 돌리며 약속하신 그것을 또한 능히 이루실 줄을 확신하였으니 그러므로 그것이 그에게 의로 여겨졌느니라 · 로마서 4:20-22
Yet he did not waver through unbelief regarding the promise of God, but was strengthened in his faith and gave glory to God, being fully persuaded that God had power to do what he had promised. This is why "it was credited to him as righteousness.

7

July

1 2 3 4 5 6 7 8 9 10 11 12 13 14 15 16 17 18 19 20 21 22 23 24 25 26 27 28 29 30 31

🌱 당신의 하루를 위한 토기장이 캘린더

365 그림묵상 캘린더
내 마음의 노래, 시편묵상
글·그림 고래일기

"당신의 모든 하루는 하나님을 향한 노래입니다"
따뜻한 그림과 시편 말씀으로 구성된 고래일기의 365 탁상 캘린더

오스왈드 챔버스의
주님은 나의 최고봉 365 묵상
오스왈드 챔버스 지음

"최상의 하나님께 나의 최선을 드립니다"
「주님은 나의 최고봉」의 핵심 메시지와 말씀이 담긴 365 탁상 캘린더

profile

고래일기 (박고은)

고래를 좋아해서 어릴 적 별명이 고래였고 그래서 제 일기장 이름이 고래일기입니다.
멋스러운 이름으로 한번 바꿔볼까도 했지만 그것을 고민하는 것이 아무런 의미가
없는 것을 알기에 그림만 열심히 그립니다.

오늘 그릴 그림일기, 내일로 미루기를 잘하는 저이지만
마음에 그려진 주님과의 이야기를 잊지 않으려고 합니다.
그렇게 한 장 한 장 채워진 365일이 누군가에게
따스하게 전해지면 좋겠습니다.

저는 놀랍게 부어주시는 사랑을 이렇게밖에
표현할 줄 모릅니다. 제 보잘것없는 그림도
기뻐해주시는 주님만을 바라봅니다.

고래일기는 주님 사랑으로만 소문나기를,
고래일기는 아버지 기쁨으로만 가득 차기를
소원합니다.